HEYNE <

DR. OETKER

DIE ALLERBESTEN

WOK REZEPTE

CURRY-RINDFLEISCH MIT GLASNUDELN,
FÜNF-FARBEN-REIS, ZWIEBELPFANNKUCHEN...

WILHELM HEYNE VERLAG
MÜNCHEN

Vorwort

Das Kochen im Wok findet auch bei uns immer mehr Liebhaber. Kein Wunder, denn die Zubereitungsmöglichkeiten sind so vielfältig wie bei kaum einem anderen Kochgerät. Im Wok können Sie nicht nur knackige Gemüse- und zarte Fleischgerichte zubereiten, sondern auch kross Frittiertes oder schmackhafte Suppen.

Für alle, die schon sehnlichst auf Rezept-Nachschub warten, haben wir in diesem Buch die besten Rezepte zusammengetragen. Wir zeigen Ihnen, dass Sie in Ihrem Wok nicht nur typisch asiatische Gerichte zaubern können, sondern auch ungeahnte Köstlichkeiten aus heimischen Zutaten. Sie werden feststellen, dass auch Leberkäse, Spinat, Kohl & Co. – auf raffinierte Weise zubereitet – aus dem Wok vortrefflich munden.

Abkürzungen

EL = Esslöffel
TL = Teelöffel
Msp. = Messerspitze
Pck. = Packung/Päckchen
g = Gramm
kg = Kilogramm
ml = Milliliter
l = Liter
evtl. = eventuell
geh. = gehäuft
gestr. = gestrichen
TK = Tiefkühlprodukt
°C = Grad Celsius
Ø = Durchmesser
E = Eiweiß
F = Fett
Kh = Kohlenhydrate
kcal = Kilokalorien
kJ = Kilojoule

Hinweise zu den Rezepten

Die Rezepte sind, soweit nicht anders vermerkt, für 4 Personen.
Lesen Sie vor der Zubereitung das Rezept einmal vollständig durch. Oft werden Abläufe oder Zusammenhänge dann klarer.
Bitte beachten Sie zur Handhabung und Pflege des Woks die Gebrauchsanleitung des Herstellers.

Zubereitungszeiten

Die Zubereitungszeit ist ein Anhaltswert für die Zeit für Vorbereitung und die eigentliche Zubereitung (incl. Garzeiten). Wartezeiten wie z. B. Kühl-, Einweich- und Marinierzeiten sind nicht einbezogen.

Kapitelübersicht

Kapitelübersicht

Schweine-, Rind- & Lammfleisch

Sauerkraut mit Hackbällchen

Zutaten

2 Scheiben Toastbrot
250 g Möhren
500 g gemischtes Gehacktes (halb Rind-, halb Schweinefleisch)
2 Eier (Größe M)
Salz, Pfeffer
Paprikapulver rosenscharf
2 EL Speiseöl
1 Dose Sauerkraut (Abtropfgewicht 770 g)
1 Zwiebel
einige Stängel Zitronenthymian
20 g Butterschmalz
2–3 Gewürznelken
500 ml (½ l) Gemüsebrühe
1 Prise Zucker
Zitronenthymianblättchen
evtl. rosa Pfefferbeeren

Zubereitungszeit:
40 Minuten

Pro Portion:
E: 31 g, F: 44 g, Kh: 18 g, kJ: 2612, kcal: 624

RAFFINIERT

1 Toastbrot in kaltem Wasser einweichen. Möhren putzen, schälen, waschen und in dünne Streifen schneiden. Toastbrot ausdrücken und mit Gehacktem, Eiern, Salz, Pfeffer und Paprikapulver verkneten. Evtl. mit den Gewürzen abschmecken. Aus der Hackfleischmasse mit nassen Händen etwa 20 kleine Bällchen formen.

2 Öl in einem Wok erhitzen. Die Bällchen in mehreren Portionen darin rundherum etwa 8 Minuten anbraten und auf Küchenpapier abtropfen lassen. Sauerkraut in ein Sieb geben, abtropfen lassen und leicht ausdrücken. Zwiebel abziehen und würfeln. Thymian kalt abspülen, trockentupfen und die Blättchen von den Stängeln zupfen.

3 Butterschmalz im Wok erhitzen. Zwiebelwürfel und Sauerkraut darin andünsten. Möhrenstreifen, Nelken und Thymian hinzufügen und kurz mitdünsten. Brühe hinzufügen, den Deckel auflegen und das Gemüse etwa 15 Minuten garen.

4 Das Gemüse mit Salz, Pfeffer und Zucker abschmecken. Die Hackbällchen darauf legen und erhitzen. Mit Zitronenthymianblättchen und nach Belieben mit rosa Pfefferbeeren garnieren.

Tipp: *Die Hackbällchen können auch unangebraten direkt auf dem Sauerkraut gegart werden. Dafür die Hackbällchen, nachdem die Brühe hinzugefügt wird, auf das Sauerkraut legen und 12–15 Minuten garen. Wenn Sie keinen Zitronenthymian bekommen, können Sie stattdessen 1 Teelöffel getrockneten Thymian und etwas abgeriebene Zitronenschale (unbehandelt) verwenden.*

Geschmortes Schweinefleisch mit Möhren

Zutaten

500 g Schweinenacken (ohne Knochen)
200 g Möhren
500 ml (½ l) Speiseöl
5 EL Speiseöl
3 Scheiben (20 g) Ingwer
1 TL Speisestärke
80 ml Sojasauce
125 ml (⅛ l) Pflaumenwein
20 g brauner Kandiszucker
500 ml (½ l) heiße Fleischbrühe
1 gestr. TL Salz

Zubereitungszeit:
70 Minuten

Pro Portion:
E: 30 g, F: 48 g, Kh: 12 g,
kJ: 2692, kcal: 643

FÜR GÄSTE

1 Den Schweinenacken unter fließendem kalten Wasser abspülen, trockentupfen und in Würfel schneiden. Möhren putzen, schälen, waschen und in Würfel schneiden.

2 Einen heißen Wok zweimal mit Öl ausschwenken und 500 ml (½ l) Öl darin erhitzen. Die Fleischwürfel darin etwa 2 Minuten frittieren (zwischendurch wenden), herausnehmen und auf Küchenpapier abtropfen lassen. Das restliche Öl in ein Vorratsgefäß zurückgießen.

3 Den heißen Wok wieder zweimal mit etwas Speiseöl ausschwenken, 5 Esslöffel Öl darin erhitzen. Ingwer schälen und darin anbraten. Die Fleischwürfel portionsweise hinzugeben, Speisestärke darübergeben und alles etwa 2 Minuten anbraten.

4 Sojasauce darüber gießen, Möhrenwürfel hinzugeben und alles etwa 2 Minuten im geschlossenen Wok kurz schmoren.

5 Pflaumenwein, Kandiszucker und Fleischbrühe hinzufügen und etwa 30 Minuten köcheln lassen. Salz einrühren und heiß servieren.

Beilage: *Reis.*

Schweinefleisch süß-sauer

Zutaten
2 Portionen

250 g mageres Schweinefleisch (aus Rücken oder Keule)

Für die Marinade:
2 TL Speisestärke
2 EL Sojasauce
1 EL Sherry

1 kleine grüne Paprikaschote
1 kleine rote Paprikaschote
2 Knoblauchzehen
3 EL Speiseöl
5 EL Wasser
2 EL Zucker
1–2 EL Sojasauce
1–2 EL Essig
75 g Ananas (aus der Dose)
Salz
1 TL Honig oder Zucker
frisch gemahlener Pfeffer
1 TL dunkles Sesamöl

Zubereitungszeit:
30 Minuten, ohne Marinierzeit

Pro Portion:
E: 32 g, F: 20 g, Kh: 25 g, kJ: 1798, kcal: 429

BELIEBT

1 Schweinefleisch unter fließendem kalten Wasser abspülen, trockentupfen und in Würfel schneiden.

2 Für die Marinade Speisestärke mit Sojasauce und Sherry verrühren, mit dem Fleisch vermischen und das Fleisch mindestens 30 Minuten marinieren.

3 Paprikaschoten halbieren, entstielen, entkernen, weiße Scheidewände entfernen, die Schoten waschen und in Quadrate schneiden. Knoblauch abziehen und hacken.

4 Zwei Esslöffel Öl in einem Wok erhitzen. Die Fleischwürfel darin etwa 2 Minuten unter Rühren anbraten, herausnehmen und auf Küchenpapier abtropfen lassen.

5 Das restliche Öl im Wok erhitzen. Knoblauch und Paprika darin kurz andünsten. Wasser, Zucker, Sojasauce und Essig hinzufügen. Den Deckel auflegen und das Gemüse etwa 5 Minuten bei mittlerer Hitze garen.

6 Ananas in einem Sieb abtropfen lassen und in kleine Stücke schneiden. Fleischwürfel und Ananasstücke mit in den Wok geben und darin erhitzen.

7 Das Schweinefleisch süß-sauer mit Salz, Honig oder Zucker, Pfeffer und Sesamöl abschmecken.

Beilage: *Reis oder dünne Bandnudeln.*

Tipp: *Sie können anstelle der Ananas aus der Dose auch frische Ananas verwenden.*
Dieses Gericht schmeckt auch gut mit Puten- oder Hähnchenbrustfilet.

Kasselerstreifen mit Gemüse

Zutaten

500 g Kasseler Rücken (ohne Knochen)
700 g Steckrüben
200 g Porree (Lauch)
½ Bund Thymian
30 g Butterschmalz
frisch gemahlener Pfeffer
3–5 Sternanis
150 ml Gemüsebrühe
4–5 EL Weißwein
Salz
etwas Zucker

Zubereitungszeit:
35 Minuten

Pro Portion:
E: 19 g, F: 21 g, Kh: 8 g, kJ: 1301, kcal: 310

FÜR GÄSTE

1 Kasseler unter fließendem kalten Wasser abspülen, trockentupfen und in Streifen schneiden. Steckrüben schälen, waschen und in Streifen schneiden. Porree putzen, die Stange längs halbieren, und quer in Streifen schneiden. Thymian kalt abspülen, trockentupfen und die Blättchen von den Stängeln zupfen.

2 Butterschmalz in einem Wok erhitzen. Kasselerstreifen in mehreren Portionen darin anbraten, herausnehmen und mit Pfeffer würzen. Das vorbereitete Gemüse und Sternanis unter Rühren im heißen Wok anbraten.

3 Gemüsebrühe und Weißwein hinzufügen, alles aufkochen lassen und bei mittlerer Hitze zugedeckt etwa 10 Minuten garen.

4 Fleisch wieder zum Gemüse geben und erwärmen. Mit Salz, Pfeffer und Zucker abschmecken.

Tipp: *Anstelle des frischen Thymians können Sie auch 2 Teelöffel getrockneten Thymian verwenden.*
Zu dem Gericht passen kleine ***karamellisierte Kartoffeln.*** *Dazu 750 g möglichst kleine, runde Kartoffeln waschen, in Wasser zum Kochen bringen und in 15–20 Minuten knapp gar kochen lassen. Die Kartoffeln abgießen, abdämpfen, heiß pellen und warm stellen.*
50 g Zucker in einer Pfanne unter ständigem Rühren so lange erhitzen, bis er goldbraun ist. 50 g Butter hinzufügen, zerlassen und mit 1 Teelöffel Weißwein ablöschen. Kartoffeln hinzufügen und unter Rühren 5–10 Minuten darin schmoren lassen.
100 g durchwachsenen Speck in Würfel schneiden und auslassen. 2 Äpfel schälen, vierteln und entkernen. Apfelviertel in Scheiben schneiden, zum Speck geben, kurze Zeit miterhitzen und zu den Kartoffeln geben.

Frühlingsrollen

Zutaten

4–6 Portionen

1 Pck. TK-Frühlingsrollenteig (215 x 215 mm, Asialaden)
250 g Schweinefilet
2 TL Speisestärke
1 EL Sojasauce
1 EL Sherry
5 getrocknete Mu-Err-Pilze
100 g Bambusschößlinge (in Stücken, aus der Dose)
125 g Chinakohl
125 g Frühlingszwiebeln
etwa 1,5 l Speiseöl zum Braten und Frittieren
1 TL Zucker
1 TL Salz
1 Eiweiß

Zubereitungszeit:
1 ½ Stunden, ohne Auftau- und Einweichzeit

Pro Portion:
E: 18 g, F: 26 g, Kh: 35 g, kJ: 1913 , kcal: 457

DAUERT LÄNGER

1 Frühlingsrollenteig in der Packung auftauen lassen. Nach dem Öffnen der Packung Teigblätter bis zur weiteren Verwendung mit einem feuchten Tuch zudecken.

2 Schweinefilet unter fließendem kalten Wasser abspülen, trockentupfen und in feine Streifen schneiden. Speisestärke mit Sojasauce und Sherry verrühren und das Fleisch darin etwa 30 Minuten marinieren.

3 Mu-Err-Pilze nach Packungsanleitung in Wasser einweichen. Bambusschößlinge in einem Sieb abtropfen lassen. Chinakohl und Frühlingszwiebeln putzen, waschen und abtropfen lassen. Die 3 Zutaten in feine Streifen schneiden. Pilze abtropfen lassen, putzen und ebenfalls in Streifen schneiden.

4 5–6 Esslöffel Öl in einem Wok erhitzen. Die Fleischstreifen etwa 1 Minute darin frittieren, herausnehmen und auf Küchenpapier abtropfen lassen.

5 Den Wok reinigen und 2 Esslöffel Öl darin erhitzen. Chinakohl, Frühlingszwiebeln, Bambusschößlinge und Pilze etwa 1 Minute unter Rühren braten. Dann das Fleisch zugeben, alles mit Zucker und Salz bestreuen, etwa ½ Minuten unter Rühren weiterbraten und herausnehmen.

6 Jeweils 1–2 Esslöffel der Füllung auf jedes Teigblatt geben. Die Füllung ein Stückchen einrollen, dann die Seiten der Teigblätter einschlagen und ganz aufrollen. Eiweiß verschlagen, die Teigenden damit bestreichen und auf der Teigrolle andrücken.

7 Ausreichend Öl auf etwa 180 °C im gesäuberten Wok erhitzen. Die Rollen darin frittieren, bis sie goldbraun sind. Die fertigen Rollen auf einem mit Küchenpapier belegten Kuchenrost abtropfen lassen.

Tipp: *Die Frühlingsrollen mit Sojasauce, süß-scharfer Chilisauce oder einfach mit Joghurt servieren.*

Rinderfilet mit Thaispargel
(Titelrezept)

Zutaten

600 g Rinderfilet
2 EL Speisestärke
6 EL Sojasauce
1 gestr. TL Backpulver
3 EL Sesamöl
300 g frischer Thai- oder Wildspargel
2 rote Chilischoten
6 halbierte Ananasscheiben (aus der Dose)
12 Maiskölbchen (aus dem Glas)
2 EL rote Paprikawürfel
2 EL gehobelte Kokosnuss
8 EL Kokosmilch (aus der frischen Nuss)
10 EL Hühnerbrühe
frisch gemahlener Pfeffer
frische Korianderblättchen

Zubereitungszeit:
30 Minuten,
ohne Marinierzeit

Pro Portion:
E: 36 g, F: 15 g, Kh: 25 g,
kJ: 1612, kcal: 384

Raffiniert

1 Das Filet unter fließendem kalten Wasser abspülen und trockentupfen. Filet quer zur Faser zuerst in Scheiben, dann in feine Streifen schneiden. Filetstreifen mit Speisestärke, 2 Esslöffeln Sojasauce, Backpulver und 2 Esslöffeln Sesamöl vermengen, zugedeckt 1 Stunde kalt stellen.

2 Von dem Thai- oder Wildspargel die unteren Enden abschneiden, Spargel waschen, abtropfen lassen und nach Belieben in längere Stücke schneiden.

3 Restliches Sesamöl in einem Wok erhitzen. Filetstreifen nebeneinander hineinlegen und darin schwenken.

4 Sobald die Filetstreifen die rote Farbe verloren haben, herausnehmen und beiseite stellen.

5 Chilischoten abspülen, abtrocknen, längs halbieren und entkernen. Chilischoten in Würfel schneiden. Ananascheiben in einem Sieb abtropfen lassen und halbieren. Maiskölbchen ebenfalls abtropfen lassen. Chili-, Paprikawürfel, Ananasscheiben, Maiskölbchen und Kokosnuss in den Wok geben. Die Zutaten ebenfalls kurz anbraten.

6 Kokosmilch, Brühe, restliche Sojasauce, Pfeffer und die beiseite gelegten Filetstreifen hinzugeben und nochmals kurz erhitzen.

7 Koriander abspülen und trockentupfen. Die Blättchen von den Stängeln zupfen. Den Thaispargel mit Korianderblättchen garniert servieren.

Tipp: *Dazu Kokosreis in einer halben Kokosnuss servieren.*

Veränderung: *Wenn Sie keinen Thaispargel bekommen, können Sie auch dünnen grünen Spargel verwenden.*

Curry-Rindfleisch mit Glasnudeln

Zutaten
2 Portionen

30 g Glasnudeln
250 g Rinderfilet
oder Roastbeef

Für die Marinade:
Salz, Pfeffer
3 TL Kartoffelstärke
1 TL Backpulver
5 EL Wasser
2 EL Speiseöl

500 ml (½ l) Speiseöl
2 EL Erdnussöl
3 Knoblauchzehen
500 ml (½ l) Kokosmilch

Für die Sauce:
1 EL Currypulver
1 TL Sambal Oelek
3 TL Zucker
evtl. 1 TL Glutamat
5 EL Reiswein, 1 TL Salz
2 Prisen Sternanispulver
2 Prisen Sichuanpfefferpulver
1 Frühlingszwiebel

Zubereitungszeit:
45 Minuten, ohne Einweichzeit

Pro Portion:
E: 31 g, F: 74 g, Kh: 32 g,
kJ: 4302, kcal: 1028

RAFFINIERT

1 Die Glasnudeln etwa 1 Stunde in kaltem Wasser einweichen.

2 Rinderfilet oder Roastbeef unter fließendem kalten Wasser abspülen, trockentupfen und in Streifen schneiden.

3 Für die Marinade Salz, Pfeffer, Kartoffelstärke, Backpulver, Wasser und Speiseöl verrühren. Das in Streifen geschnittene Fleisch darin etwa 15 Minuten marinieren.

4 Einen heißen Wok zweimal mit Öl ausschwenken, 500 ml (½ l) Speiseöl zum Frittieren darin erhitzen. Das Rindfleisch hinzugeben, unter Rühren etwa 1 Minute frittieren, herausnehmen und auf Küchenpapier abtropfen lassen. Das restliche Öl aus dem Wok in ein Vorratsgefäß zurückgießen.

5 Den Wok wieder zweimal mit etwas Öl ausschwenken, Erdnussöl darin erhitzen. Knoblauch abziehen, fein würfeln und darin anbraten. Mit Kokosmilch ablöschen. Die Glasnudeln darin bei schwacher Hitze etwa 10 Minuten köcheln lassen.

6 Für die Sauce Curry, Sambal Oelek, Zucker, nach Belieben Glutamat, Reiswein, Salz, Sternanispulver und Sichuanpfeffer vermischen, in die Kokosmilch geben und die Glasnudeln darin weitere 2 Minuten köcheln lassen.

7 Das Rindfleisch dazugeben und im geschlossenen Wok etwa 2 Minuten mitkochen lassen. Frühlingszwiebel putzen, waschen, in etwa 3 cm lange Stücke schneiden, über das Rindfleisch geben und etwa 1 Minute kochen lassen. Heiß servieren.

Rindfleisch auf chinesische Art

Zutaten

400 g Rumpsteak

Für die Marinade:
20 g Ingwerwurzel
3–4 EL Sojasauce

300 g Möhren
400 g Champignons
300 g Chinakohl
1 Knoblauchzehe
2 EL Speiseöl
1 EL Sesamsamen
frisch gemahlener Pfeffer
Salz
evtl. 1 Prise Zucker

Zubereitungszeit:
45 Minuten

Pro Portion:
E: 23 g, F: 30 g, Kh: 7 g,
kJ: 1712, kcal: 408

GUT VORZUBEREITEN

1 Rumpsteak unter fließendem kalten Wasser abspülen, trockentupfen und in feine Streifen schneiden. Für die Marinade Ingwer schälen, sehr fein reiben oder durch eine Knoblauchpresse drücken. Ingwer und Sojasauce verrühren, mit dem Fleisch vermischen und das Fleisch etwa 30 Minuten marinieren.

2 Möhren putzen, schälen, waschen und in Streifen schneiden. Champignons putzen, mit Küchenpapier abreiben, evtl. abspülen, trockentupfen und halbieren. Chinakohl putzen, in sehr feine Streifen schneiden, waschen und abtropfen lassen oder trockenschleudern. Knoblauch abziehen und durch die Knoblauchpresse drücken.

3 Öl und Sesam in einem Wok erhitzen. Die Fleischstreifen mit der Marinade hinzufügen und unter ständigem Rühren anbraten. Das vorbereitete Gemüse und Knoblauch untermischen und weitere 4–5 Minuten unter ständigem Rühren (Pfannenrühren) garen.

4 Zum Schluss das Fleisch mit Pfeffer und etwas Salz und evtl. Zucker abschmecken.

Beilage: *Reis oder Nudeln.*

Tipp: *Nach Belieben etwas Gemüsebrühe hinzufügen, 2 Teelöffel Speisestärke mit 2 Esslöffeln kaltem Wasser anrühren und die Flüssigkeit damit binden. Das Rindfleisch nach Belieben mit Minzeblättchen garnieren.*
Wenn Sie keine frische Ingwerwurzel bekommen, können Sie auch gemahlenen Ingwer verwenden. Das Gericht dann zusätzlich mit 5-Gewürz-Pulver würzen. Sojasauce oder kandierter Ingwer in Sirup können zusätzlich gereicht werden.

Rindfleisch mit Ananas

Zutaten

2 Portionen

250 g Rinderfilet

Für die Marinade:
1 EL Kartoffelstärke
2 EL Wasser
5 EL Speiseöl
100 g rote und grüne Paprikaschote
100 g Ananas (aus der Dose)
1 Frühlingszwiebel

1 EL Kartoffelstärke
6 EL Wasser
4 TL Sesamöl
1 EL Zucker
½ TL frisch gemahlener Pfeffer
4 EL Reis-Essig (5%)
1 TL Salz

500 ml (½ l) Speiseöl
3 EL Speiseöl
200 ml Hühnerbrühe oder Wasser

Zubereitungszeit:
35 Minuten

Pro Portion:
E: 4 g, F: 75 g, Kh: 27 g, kJ: 3488, kcal: 833

KLASSISCH

1 Das Rinderfilet unter fließendem kalten Wasser abspülen, trockentupfen und in Scheibchen schneiden.

2 Für die Marinade Kartoffelstärke, Wasser und Speiseöl verrühren und das Rindfleisch darin etwa 10 Minuten marinieren.

3 Paprika halbieren, entstielen, entkernen, die weißen Scheidewände entfernen, die Schoten waschen und in Streifen schneiden. Ananas auf einem Sieb abtropfen lassen und in mundgerechte Stücke schneiden. Frühlingszwiebel putzen, waschen und grob würfeln.

4 Zum Binden Kartoffelstärke mit Wasser und Sesamöl in einer Schale vermischen. Zucker, Pfeffer, Reis-Essig und Salz in einer Schale vermischen.

5 Den heißen Wok zweimal mit Öl ausschwenken. 500 ml (½ l) Speiseöl erhitzen und das Rindfleisch etwa 1 Minute darin frittieren. Paprika und Ananas dazugeben, etwa 1 Minute weiterfrittieren, mit einem Sieb herausnehmen und abtropfen lassen. Das Öl in ein Vorratsgefäß zurückgießen.

6 Den heißen Wok zweimal mit Öl ausschwenken, 3 Esslöffel Speiseöl erhitzen und Frühlingszwiebeln darin anbraten. Fleisch, Paprika und Ananas dazugeben, etwa 1 ½ Minuten bei größter Hitze und starker Bewegung braten.

7 Gewürze, Hühnerbrühe oder Wasser in den Wok geben, alles 2–3 Minuten kochen lassen. Die Mischung zum Binden dazugeben, aufkochen lassen und heiß servieren.

Rindfleisch mit Kokos

Zutaten
2 Schalotten
3 Stängel Zitronengras
(oder 1 EL getrocknetes
Zitronengras)
1 Stück (2 cm) Ingwerwurzel
2 Knoblauchzehen
2–3 rote Chilischoten
750 g Rindfleisch
(zum Schmoren)
3 EL Speiseöl
1 Stück (3 cm) Zimtstange
4 Sternanis
2 grüne Kardamomkapseln
1 Dose (400 ml) Kokosmilch
1–2 kleine Lorbeerblätter
2 geh. EL Kokosraspel
1 TL Zucker
Salz
Korianderblätter

Zubereitungszeit:
1 ½ Stunden

Pro Portion:
E: 41 g, F: 31 g, Kh: 11 g,
kJ: 2198, kcal: 525

DAUERT LÄNGER

1 Schalotten abziehen und grob zerkleinern. Frisches Zitronengras abspülen, trockentupfen und in feine Stücke schneiden. Ingwer schälen und hacken. Knoblauch abziehen. Chilischoten putzen, längs aufschneiden, entkernen, abspülen und grob würfeln. Die vorbereiteten Zutaten mit einem Pürierstab pürieren oder im Mörser zerstoßen.

2 Rindfleisch unter fließendem kalten Wasser abspülen und trockentupfen. Das Fleisch in Würfel schneiden.

3 Öl in einem Wok erhitzen. Die Schalotten-Gewürz-Mischung, Zimt, Sternanis und Kardamom hineingeben und etwa 3 Minuten unter Rühren dünsten.

4 Fleischwürfel, Kokosmilch und Lorbeerblätter hinzufügen. Den Deckel auflegen und das Fleisch etwa 60 Minuten bei schwacher Hitze schmoren, dabei gelegentlich umrühren.

5 In der Zwischenzeit Kokosraspel in einer Pfanne ohne Fett goldbraun rösten, mit Zucker und Salz zu dem Fleisch geben und das Fleisch weitere 15 Minuten ohne Deckel schmoren. Nach Bedarf etwas Wasser zugeben, wenn die Sauce zu stark einkocht.

6 Das Rindfleisch mit Korianderblättern bestreut servieren.

Tipp: *Als Beilage eignet sich Langkornreis, der mit etwas gehackter, roter Chilischote gekocht und zum Schluss mit gehackten Korianderblättern gewürzt wird.*

Lamm-Curry

Zutaten

4 getrocknete rote Chilischoten
2 EL Korianderkörner
2 TL Kreuzkümmelsamen
2 TL schwarze Pfefferkörner
½ TL Senfkörner
1 TL Bockshornkleesamen (Asia-Laden)
1 kg Lammkeule (enthäutet, ohne Knochen)
1–2 Knoblauchzehen
3 Zwiebeln
1 Zimtstange
3 Gewürznelken
20 g Butterschmalz
2 Lorbeerblätter
etwa 250 ml (¼ l) Wasser
Salz
frische Korianderblättchen

Zubereitungszeit:
1 ½ Stunden, ohne Abkühl- und Marinierzeit

Pro Portion:
E: 49 g, F: 40 g, Kh: 6 g, kJ: 2606, kcal: 622

DAUERT LÄNGER

1 Chilischoten, Koriander, Kreuzkümmel, Pfefferkörner, Senfkörner und Bockshornkleesamen in einem Wok ohne Fett unter Rühren rösten, bis die Gewürze intensiv duften. Die Gewürze aus dem Wok nehmen und abkühlen lassen.

2 Lammkeule unter fließendem kalten Wasser abspülen, trockentupfen und in 2 cm große Würfel schneiden. Knoblauch und 1 Zwiebel abziehen und sehr fein hacken.

3 Zimtstange zerkleinern und mit Nelken und den gerösteten Gewürzen in einem Mörser fein mahlen. Mit Zwiebel und Knoblauch vermischen. Das Fleisch damit einreiben und mindestens 8 Stunden oder über Nacht darin marinieren, dabei ab und zu wenden.

4 Die restlichen Zwiebeln abziehen, halbieren und in Scheiben schneiden. Butterschmalz in einem Wok erhitzen und die Zwiebelscheiben darin anbraten. Fleischwürfel und Lorbeerblätter hinzufügen. Das Wasser zugießen. Den Deckel auflegen und das Fleisch etwa 60 Minuten garen (evl. noch etwas Wasser hinzufügen).

5 Das Curry mit Salz abschmecken und mit Korianderblättchen garnieren.

Tipp: *Als erfrischende Saucen zum Curry eignen sich z.B. Joghurt mit geraspelter Gurke und Minze oder Joghurt mit gewürfelter Mango, abgeschmeckt mit gemahlenem Kreuzkümmel (Cumin).*
Anstelle von Butterschmalz können Sie auch 3–4 Esslöffel Speiseöl zum Anbraten verwenden und das Wasser zur Hälfte durch Rotwein ersetzen.

Beilage: *Reis, kleine Pellkartoffeln oder Fladenbrot.*

Lammfleisch mit Bohnen

Zutaten

500 g Lammrückenfilet (ausgelöster Lammrücken ohne Knochen)
2 Knoblauchzehen
1 Glas Dicke Bohnen (Abtropfgewicht 420 g)
3 EL Olivenöl
Salz
frisch gemahlener Pfeffer
1 Pck. (450 g) TK-Brechbohnen
250 ml (¼ l) Gemüsebrühe
2 Bund Frühlingszwiebeln (je 200 g)
1–2 EL Sojasauce
1–2 EL heller Saucenbinder (oder 2 TL Speisestärke und 2 EL Wasser)
einige Stängel Pfefferminze

Zubereitungszeit:
35 Minuten

Pro Portion:
E: 37 g, F: 14 g, Kh: 33 g, kJ: 1792, kcal: 429

KLASSISCH

1 Lammfleisch unter fließendem kalten Wasser abspülen, trockentupfen und in schmale Streifen schneiden. Knoblauch abziehen und in Scheiben schneiden. Dicke Bohnen in ein Sieb geben, abspülen und abtropfen lassen.

2 Olivenöl in einem Wok erhitzen. Die Fleischstreifen in mehreren Portionen darin anbraten, herausnehmen und mit Salz und Pfeffer würzen. Knoblauch und unaufgetaute Brechbohnen in das Bratfett geben. Gemüsebrühe hinzufügen, alles zum Kochen bringen, den Deckel auflegen und die Bohnen etwa 8 Minuten bei mittlerer Hitze garen.

3 In der Zwischenzeit Frühlingszwiebeln putzen, waschen und schräg in Ringe schneiden. Dicke Bohnen, Frühlingszwiebeln und Fleisch in den Wok geben, mit Salz, Pfeffer und Sojasauce würzen und erhitzen. Das Ganze unter Rühren zum Kochen bringen, etwa 1 Minute kochen lassen, Saucenbinder unter Rühren einstreuen (oder die mit Wasser angerührte Speisestärke hinzufügen) und nochmals aufkochen lassen.

4 Pfefferminze kalt abspülen, trockentupfen und die Blättchen von den Stängeln zupfen. Das Gericht evtl. nochmals mit Salz, Pfeffer und Sojasauce abschmecken und die Pfefferminzblättchen untermischen.

Beilage: *Röstkartoffeln oder Salzkartoffeln.*

Tipp: *Statt der Dicken Bohnen und Frühlingszwiebeln können Sie auch 1 Dose Kidneybohnen (Abtropfgewicht 420 g), 1 Dose kleine weiße Bohnen (Abtropfgewicht 320 g) und 1 kleine Dose Gemüsemais (Abtropfgewicht 210 g) verwenden. Das Gemüse in ein Sieb geben, abtropfen lassen, zum Fleisch geben und etwa 5 Minuten mitgaren.*

Entenbrust mit Chicorée

Zutaten

- 20 g Ingwerwurzel
- 2 Knoblauchzehen
- 300 g Zucchini
- 1 Dose Mandarinen (Abtropfgewicht 175 g)
- 2 Entenbrustfilets (je 300 g)
- Salz
- frisch gemahlener Pfeffer
- 2 Chicorée
- 4–6 EL Mandarinensaft
- 1 Bund Schnittlauch
- gemahlener Koriander

Zubereitungszeit:
45 Minuten

Pro Portion:
E: 29 g, F: 26 g, Kh: 13 g,
kJ: 1829, kcal: 437

EXOTISCH

1 Ingwer schälen. Knoblauch abziehen. Beide Zutaten fein hacken. Zucchini waschen, abtrocknen, die Enden abschneiden und Zucchini in schmale Streifen schneiden. Mandarinen in einem Sieb abtropfen lassen, dabei den Saft auffangen und 4–6 Esslöffel abmessen.

2 Entenbrustfilets unter fließendem kalten Wasser abspülen, trockentupfen und häuten. Die Entenhaut in Streifen, das Fleisch in Scheiben schneiden. Chicorée von schlechten Blättern befreien, halbieren, die bitteren Strünke keilförmig herausschneiden, die Blätter ablösen, waschen und in breite Streifen schneiden.

3 Einen Wok erhitzen. Die Entenhaut darin unter Rühren knusprig ausbraten. Die ausgebratenen Hautstücke mit einer Schaumkelle herausnehmen und auf Küchenpapier abtropfen lassen. Das Bratfett bis auf 2 Esslöffel entfernen.

4 Fleischscheiben im heißen Fett in mehreren Portionen unter Rühren anbraten, mit einer Schaumkelle herausnehmen und mit Salz und Pfeffer würzen.

5 Zucchini, Ingwer und Knoblauch in den Wok geben und bei mittlerer Hitze etwa 3 Minuten unter ständigem Rühren braten.

6 Chicoréestreifen, Mandarinen, Entenfleisch und Mandarinensaft hinzufügen und etwa 2 Minuten unter Rühren garen.

(Fortsetzung Seite 34)

7 Schnittlauch abspülen, trockentupfen, in Röllchen schneiden und unter das Gericht mischen. Mit Salz, Pfeffer und Koriander abschmecken. Kurz vor dem Servieren die ausgebratene Entenhaut darüber streuen.

Tipp: *Anstelle des frischen Ingwers können Sie ersatzweise auch 1–2 Teelöffel gemahlenen Ingwer oder Ingwer in Sirup verwenden.*

Chicken & Chips

Zutaten

500 g Hähnchenbrustfilet

Für die Marinade:
2 EL Sojasauce
1 Msp. Cayennepfeffer

500 g fest kochende Kartoffeln
etwa 1 l Speiseöl zum Frittieren
Salz
1 EL Weizenmehl
2 EL Speisestärke
300 ml süß-scharfe Chilisauce (Fertigprodukt)

Zubereitungszeit:
35 Minuten, ohne Marinierzeit

Pro Portion:
E: 34 g, F: 63 g, Kh: 41 g, kJ: 3767, kcal: 898

RAFFINIERT

1 Hähnchenbrustfilet unter fließendem kalten Wasser abspülen, trockentupfen und in mundgerechte Stücke schneiden. Für die Marinade Sojasauce und Cayennepfeffer verrühren, Fleischstücke damit mischen und bis zur weiteren Verwendung darin marinieren.

2 Kartoffeln waschen, schälen, abspülen und der Länge nach auf dem Gemüsehobel in hauchdünne Scheiben hobeln.

3 Öl im Wok auf 170–180 °C erhitzen. Kartoffelscheiben portionsweise darin goldbraun frittieren. Mit einer Schaumkelle herausnehmen, in einem Sieb abtropfen lassen, noch heiß mit etwas Salz bestreuen und warm stellen.

4 Mehl und Stärke mischen, die Fleischstücke darin wenden und in mehreren Portionen in dem Öl bei etwa 160 °C goldbraun frittieren. Die Fleischstücke auf Küchenpapier abtropfen lassen.

5 Fleischstücke und Kartoffelchips mit der Chilisauce servieren.

Abwandlung: *Eine indische Variante dieses Gerichts erhalten Sie, indem Sie zusätzlich etwas gemahlenen Koriander und Kreuzkümmel (Cumin) mit der Sojasauce vermischen. Die Chips dann zusätzlich mit etwas Currypulver würzen und die Chilisauce durch Mango-Chutney ersetzen.*

Knusprige Entenfäden

Zutaten

- 1 Ente (1800–2000 g)
- 3 l Wasser
- 100 g Zuckerschoten
- 50 g Möhren
- 2 frische rote Chilischoten
- 1 l Speiseöl
- 5 EL Speiseöl
- 3 Knoblauchzehen
- 20 g in Streifen geschnittene Frühlingszwiebeln
- 1 TL Sambal Oelek
- 1 TL Essig-Essenz (25 %)
- ½ TL Salz
- 1 EL Zucker
- 3 EL Sojasauce
- 2 EL Reiswein oder Reisweinsatz
- 1 TL Kartoffelstärke
- 3 EL Wasser

Zubereitungszeit:
2 ¾ Stunden

Pro Portion:
E: 25 g, F: 67 g, Kh: 11 g, kJ: 3316, kcal: 792

DAUERT LÄNGER

1 Die Ente unter fließendem kalten Wasser abspülen, in dem Wasser 2 Stunden bei schwacher Hitze und geschlossenem Wok kochen, bis sie ganz zerfallen ist.

2 Haut und Knochen entfernen und das Fleisch in sehr feine Fasern zerpflücken. Zuckerschoten putzen, evtl. entfädeln, waschen und etwa 10 Minuten in kaltes Wasser legen.

3 Möhren putzen, schälen, waschen und in feine Streifen schneiden. Chilischoten putzen, waschen, entkernen und in feine Streifen schneiden.

4 Einen heißen Wok zweimal mit Öl ausschwenken und 1 Liter Öl darin erhitzen. Die Entenfasern frittieren, herausnehmen, abtropfen lassen und nochmal frittieren, bis sie ganz knusprig und goldbraun sind. Die Entenfasern herausnehmen und gut abtropfen lassen. Das Öl in ein Vorratsgefäß zurückgießen.

5 Den heißen Wok wieder zweimal mit Öl ausschwenken, 3 Esslöffel Öl darin erhitzen. Knoblauch abziehen, in Streifen schneiden und anbraten. Zuckerschoten, Möhren, Chilischoten und Frühlingszwiebeln dazugeben und etwa 1 Minute braten.

6 Die Entenfasern hinzufügen, alles mit Sambal Oelek, Essig-Essenz, Salz, Zucker, Sojasauce, Reiswein oder Reisweinsatz übergießen und etwa 1 Minute kochen lassen.

7 Zum Schluss Kartoffelstärke mit Wasser vermischen und unterrühren. Die knusprigen Entenfäden heiß servieren.

Ente mit Ananas und Ingwer

Zutaten

2 Portionen

Für die Marinade:
½ TL Speisestärke
½ TL Zucker
½ TL Sesamöl
1 TL Sherry
1 TL Sojasauce
Salz
frisch gemahlener Pfeffer

250 g Entenbrustfilet mit Haut
3 Frühlingszwiebeln
25 g Ingwerwurzel
100 g Ananasstücke (aus der Dose)

Für die Sauce:
1 EL Sojasauce
2 EL Zucker
2 EL Reisessig
1–2 TL Saucenbinder

8 EL Speiseöl
1 TL Sesamöl

Zubereitungszeit:
25 Minuten, ohne Marinierzeit

Pro Portion:
E: 24 g, F: 66 g, Kh: 23 g,
kJ: 3452, kcal: 824

RAFFINIERT

1 Für die Marinade Speisestärke, Zucker, Öl, Sherry, Sojasauce, Salz und Pfeffer verrühren.

2 Entenbrustfilet unter fließendem kalten Wasser abspülen, trockentupfen, in feine Scheiben schneiden, mit der Marinade vermengen und etwa 30 Minuten marinieren.

3 Frühlingszwiebeln putzen, waschen und schräg in etwa 1 cm lange Stücke schneiden. Ingwer schälen und in hauchdünne Scheiben schneiden. Ananasstücke in einem Sieb abtropfen lassen.

4 Für die Sauce Sojasauce mit Zucker, Essig und Saucenbinder vermengen.

5 Sechs Esslöffel Öl in einem Wok erhitzen. Entenfleischscheiben darin in mehreren Portionen bei starker Hitze unter Rühren goldbraun braten, mit einer Schaumkelle herausnehmen und auf Küchenpapier abtropfen lassen.

6 Den Wok reinigen, erneut erhitzen und das restliche Speiseöl hineingeben. Ingwer und Frühlingszwiebeln darin unter Rühren anbraten. Ente und Ananas hinzufügen und unter Rühren erhitzen.

7 Die Sauce umrühren, in den Wok gießen und alles unter Rühren aufkochen lassen. Das Gericht mit Salz, Pfeffer und Sesamöl würzen.

Beilage: *Reis oder Bandnudeln.*

Tipp: *Der Reisessig kann durch Weißweinessig ersetzt werden.*

Ente mit Chili

Zutaten

500 g Entenbrustfilet

Für die Marinade:
2 EL Sojasauce
3 TL Kartoffelstärke
2 EL Eiweiß
3 EL Speiseöl

Für die Sauce:
2 EL Erdnussöl
3 EL Sojasauce
1 TL Maismehl
3 EL Reiswein
3 EL Reis-Essig (5 %)
3 EL Austernsauce
5 EL süße Sojasauce
3 EL Wasser

30 g frische Ingwerwurzel
2 Frühlingszwiebeln
5 frische, rote Chilischoten
500 ml (½ l) Speiseöl
3 EL Speiseöl

Zubereitungszeit:
35 Minuten

Pro Portion:
E: 29 g, F: 64 g, Kh: 12 g, kJ: 3317, kcal: 792

SCHNELL

1 Das Entenbrustfilet unter fließendem kalten Wasser abspülen, trockentupfen und in Scheiben schneiden.

2 Für die Marinade Sojasauce, Kartoffelstärke, Eiweiß und Speiseöl vermischen. Entenbrustscheiben in die Marinade geben und etwa 15 Minuten darin ziehen lassen.

3 Für die Sauce Erdnussöl, Sojasauce, Maismehl, Reiswein, Reis-Essig, Austernsauce, Sojasauce und Wasser in einer Schale verrühren.

4 Ingwer schälen und fein würfeln, Frühlingszwiebeln putzen, waschen und in Streifen schneiden. Chilischoten putzen, längs aufschneiden, entkernen, abspülen und in feine Streifen schneiden.

5 Einen heißen Wok zweimal mit Öl ausschwenken und 500 ml (½ l) Speiseöl zum Frittieren darin erhitzen. Die Entenscheiben etwa 1 Minute darin frittieren, herausnehmen und abtropfen lassen. Das Öl in ein Vorratsgefäß zurückgießen.

6 Den heißen Wok zweimal mit Öl ausschwenken. 3 Esslöffel Speiseöl erhitzen und Ingwer darin anbraten, bis er leicht gebräunt ist. Entenbrustscheiben, Frühlingszwiebel- und Chilistreifen hineingeben und etwa 2 Minuten weiterbraten.

7 Die Saucenmischung darüber gießen, etwa 1 Minute erhitzen und heiß servieren.

Tipp: *Die Chili werden nicht allzu scharf, wenn sie zum angegebenen Zeitpunkt in den Wok kommen. Wenn Ihnen die Chili trotzdem zu scharf sind, können Sie auch rote Paprika verwenden.*

Gebratene Entenbrust

Zutaten

2 Portionen

300 g Entenbrustfilet
1 l kochendes Wasser
200 g frischer Blattspinat
3 eingeweichte Blumenpilze
150 g Tofu
1–2 Knoblauchzehen
500 ml (½ l) Speiseöl
4 EL Sojaöl

Für die Sauce:
2 EL Sojasauce
2 EL süße Sojasauce
1 EL Reiswein
1 TL Salz
⅓ TL frisch gemahlener Pfeffer
1 EL Zucker
1 ½ TL Kartoffelstärke oder Speisestärke
5 EL Hühnerbrühe

Zubereitungszeit:
35 Minuten

Pro Portion:
E: 41 g, F: 75 g, Kh: 20 g, kJ: 4077, kcal: 974

FÜR GÄSTE

1 Das Entenbrustfilet unter fließendem kalten Wasser abspülen, in dem kochenden Wasser 3–5 Minuten blanchieren, abkühlen lassen und in Scheiben schneiden.

2 Spinat verlesen, waschen, abtropfen lassen und zerpflücken. Blumenpilze waschen, entstielen und in mundgerechte Stücke schneiden. Tofu in mundgerechte Stücke schneiden. Knoblauch abziehen und fein hacken.

3 Einen heißen Wok zweimal mit Öl ausschwenken. 500 ml (½ l) Speiseöl erhitzen, die Tofustücke etwa 2 Minuten darin frittieren, herausnehmen und abtropfen lassen. Das Öl in ein Vorratsgefäß zurückgießen.

4 Den Wok erneut erhitzen, Sojaöl hineingeben und den Knoblauch darin anbraten. Spinat dazugeben und bei geschlossenem Wok zusammenfallen lassen. Tofu und Entenbrust zugeben, etwa 1 Minute braten, die Gewürze hinzugeben.

5 Für die Sauce beide Sorten Sojasauce, Reiswein, Salz, Pfeffer, Zucker, Kartoffelstärke oder Speisestärke und Hühnerbrühe verrühren, dazugeben, etwa 2 Minuten kochen lassen und heiß servieren.

Tipp: *Chinesische Blumenpilze kann man auch getrocknet kaufen. Man muss sie vor dem Gebrauch etwa 30 Minuten in kaltem Wasser einweichen, dann abspülen und nochmals 10 Minuten in kaltem Wasser einweichen.*

Entenbrust mit Bohnengemüse

Zutaten

2 Entenbrustfilets (je 350 g)
Salz
frisch gemahlener Pfeffer
2 Zwiebeln
20 g getrocknete Tomaten in Öl (aus dem Glas)
50 g Korinthen
1 Pck. (300 g) TK-Brechbohnen
200 ml Gemüsebrühe
1 Topf Basilikum
1 Dose Wachsbohnen (Abtropfgewicht 455 g)
Cayennepfeffer

Zubereitungszeit:
35 Minuten

Pro Portion:
E: 35 g, F: 30 g, Kh: 20 g, kJ: 2210, kcal: 527

FÜR GÄSTE

1 Entenbrustfilets unter fließendem kalten Wasser abspülen, trockentupfen und die Haut der Länge nach in schmalen Abständen einritzen.

2 Einen Wok erhitzen. Entenbrustfilets mit der Hautseite nach unten hineinlegen und anbraten. Die Hitze reduzieren, die Entenbrüste wenden und noch 15 Minuten weiterbraten, dabei noch zweimal wenden. Nach dem Anbraten mit Salz und Pfeffer würzen.

3 In der Zwischenzeit Zwiebeln abziehen, halbieren und in Streifen schneiden. Tomaten abtropfen lassen und würfeln. Korinthen warm abspülen und abtropfen lassen.

4 Die Entenbrustfilets auf ein Backblech legen und im Backofen (bei etwa 100 °C) warm halten. Das Bratfett bis auf etwa 2 Esslöffel aus dem Wok entfernen. Zwiebeln, Tomaten, Korinthen und unaufgetaute Brechbohnen in dem heißen Entenfett andünsten. Gemüsebrühe hinzufügen. Den Deckel auflegen und das Bohnengemüse etwa 8 Minuten bei mittlerer Hitze garen.

5 In der Zwischenzeit Basilikum kalt abspülen, trockentupfen und die Blättchen von den Stängeln zupfen. Wachsbohnen in einem Sieb abspülen, abtropfen lassen, zum Bohnengemüse geben und erhitzen.

6 Das Bohnengemüse mit Salz, Pfeffer und Cayennepfeffer abschmecken. Einen Teil der Basilikumblättchen unterheben. Entenbrust in Streifen schneiden und auf dem Gemüse anrichten. Mit den restlichen Basilikumblättchen bestreuen.

Tipp: *Die Entenbrust vor dem Braten häuten. Die Haut in Streifen schneiden und im heißen Wok ausbraten. Das Entenfleisch in Scheiben schneiden, in 2 Esslöffeln Entenfett anbraten und mit Salz und Pfeffer würzen. Dann das Gemüse wie beschrieben zubereiten. Die Fleischscheiben zum Schluss unterheben und die knusprige Entenhaut über das Gericht streuen.*

Chop Suey

Zutaten

500 g Putenbrust
2 Stangen Porree (Lauch)
300 g Möhren
250 g Champignons
175 g frische Sojasprossen
100 g Glasnudeln
3 EL Speiseöl
200 g TK-Erbsen
250 ml (¼ l) Hühnerbrühe
Salz
frisch gemahlener Pfeffer
Sojasauce

Zubereitungszeit:
30 Minuten

Pro Portion:
E: 40 g, F: 11 g, Kh: 15 g,
kJ: 1813, kcal: 433

SCHNELL

1 Putenbrust unter fließendem kalten Wasser abspülen, trockentupfen und in dünne Streifen schneiden.

2 Porree putzen, die Stangen längs halbieren, gründlich waschen und in Streifen schneiden. Möhren putzen, schälen, waschen und in dünne Scheiben schneiden. Champignons putzen, mit Küchenpapier abreiben, evtl. abspülen und in Scheiben schneiden.

3 Sojasprossen verlesen, kalt abspülen und abtropfen lassen. Glasnudeln in heißem Wasser etwa 6 Minuten einweichen, abtropfen lassen und mit einer Schere klein schneiden.

4 Öl in einem Wok erhitzen. Das Putenfleisch darin unter Rühren anbraten, mit einer Schaumkelle herausnehmen und mit Salz und Pfeffer würzen.

5 Porree, Möhren und Champignons in das Bratfett geben und unter Rühren anbraten. Erbsen unaufgetaut hinzufügen. Mit Brühe auffüllen. Den Deckel auflegen und das Gemüse bei mittlerer Hitze etwa 5 Minuten garen.

6 Fleisch und Sojasprossen unter das Gemüse mischen und erhitzen. Das Chop Suey mit Salz, Pfeffer und Sojasauce abschmecken. Glasnudeln untermischen und erwärmen.

Tipp: *Sollen die Glasnudeln separat serviert werden, diese nach Packungsanleitung in kochendem Wasser quellen lassen, abtropfen lassen, mit einer Schere klein schneiden und mit etwas Sesamöl und Salz würzen.*
Anstelle der frischen Sojasprossen können Sie ersatzweise 1 kleines Glas Sojasprossen (Abtropfgewicht 175 g) verwenden.

Hühnerunterkeulen mit Kichererbsen

Zutaten

12 Hühnerunterkeulen (je 80 g)
1 l Speiseöl zum Frittieren
Salz
1 Bund Frühlingszwiebeln
2 Dosen Kichererbsen (Abtropfgewicht je 240 g)
1 Salatgurke
200 g Cocktailtomaten
125 ml (⅛ l) Gemüsebrühe
1–2 TL Currypulver
1–2 TL Speisestärke
150 ml Schlagsahne
frisch gemahlener Pfeffer
einige Zitronenspalten zum Garnieren

Zubereitungszeit:
35 Minuten

Pro Portion:
E: 25 g, F: 62 g, Kh: 29 g, kJ: 3338, kcal: 797

FÜR KINDER

1 Hühnerunterkeulen unter fließendem kalten Wasser abspülen, trockentupfen und im Gelenk durchschneiden.

2 Öl in einem Wok auf etwa 160 °C erhitzen. Die Hühnerunterkeulen darin portionsweise je etwa 10 Minuten frittieren. Die garen Hühnerunterkeulen auf ein mit Küchenpapier belegtes Backblech legen, salzen und im Backofen (bei etwa 100 °C) heiß halten.

3 In der Zwischenzeit Frühlingszwiebeln putzen, waschen und schräg in Stücke schneiden. Kichererbsen in einem Sieb abspülen und abtropfen lassen. Gurke schälen, der Länge nach halbieren, mit einem Löffel entkernen und fein würfeln. Cocktailtomaten waschen, trockentupfen und halbieren.

4 Öl aus dem Wok entfernen und den Wok reinigen. Gemüsebrühe, Gurkenwürfel, Kichererbsen und Currypulver in den Wok geben und zum Kochen bringen. Speisestärke mit Sahne verrühren, in die kochende Brühe rühren und aufkochen lassen.

5 Frühlingszwiebeln und Tomaten unterheben, aufkochen lassen und mit Salz, Pfeffer und Curry abschmecken.

6 Die Hühnerunterkeulen mit dem Gemüse anrichten und mit Zitronenspalten garnieren.

Abwandlung: *Die Hühnerunterkeulen durch 500 g Hähnchenbrustfilet ersetzen. Das Fleisch in Streifen schneiden, in 20 g Butterschmalz anbraten, aus dem Wok nehmen, mit Salz und Pfeffer würzen und beiseite stellen. Dann das Rezept wie beschrieben zubereiten. Zum Schluss das Fleisch unter das Gemüse mischen und darin erwärmen.*

Jambalaja

Zutaten
200 g Langkornreis
2 rote Paprikaschoten
2 grüne Paprikaschoten
200 g Staudensellerie
2 Schalotten
2 Knoblauchzehen
100 g Chorizo (scharfe spanische Paprikawurst)
250 g Hähnchenbrustfilet
½ Bund Thymian
3 EL Speiseöl
200 ml Hühnerbrühe
3 kleine Tomaten
100 g Krabben- oder Garnelenfleisch
Salz
frisch gemahlener Pfeffer
Paprikapulver edelsüß

Zubereitungszeit:
40 Minuten

Pro Portion:
E: 32 g, F: 18 g, Kh: 54 g, kJ: 2106, kcal: 502

KLASSISCH

1 Reis nach Packungsanleitung in Salzwasser garen, in ein Sieb geben und abtropfen lassen.

2 In der Zwischenzeit Paprikaschoten halbieren, entstielen, entkernen, die weißen Scheidewände entfernen, die Schoten waschen und fein würfeln. Staudensellerie putzen, waschen, das Grün beiseite legen, die harten Außenfäden abziehen und die Stangen in kleine Stücke schneiden. Schalotten und Knoblauch abziehen und würfeln. Wurst in Scheiben schneiden.

3 Hähnchenbrustfilet unter fließendem kalten Wasser abspülen, trockentupfen und in mundgerechte Stücke schneiden. Thymian kalt abspülen, trockentupfen und in kleine Zweige zupfen.

4 Öl in einem Wok erhitzen. Wurst, Hähnchenbruststücke und Thymian darin bei mittlerer Hitze unter Rühren etwa 5 Minuten braten und mit einer Schaumkelle herausnehmen.

5 Paprika, Staudensellerie, Knoblauch und Schalotten im Bratfett andünsten. Hühnerbrühe hinzufügen. Den Deckel auflegen und das Gemüse etwa 8 Minuten bei mittlerer Hitze garen.

6 In der Zwischenzeit die Tomaten waschen, abtropfen lassen, die Stängelansätze entfernen und die Tomaten in Stücke schneiden.

7 Reis, Tomaten, Wurst, Fleisch und Garnelen- oder Krabbenfleisch unter das Paprika-Sellerie-Gemüse mischen und unter Rühren erhitzen. Mit Salz, Pfeffer und Paprika abschmecken.

Tipp: *Chorizo ist eine scharfe, spanische Paprikawurst. Sie kann durch Cabanossi (Knoblauchwurst) ersetzt werden. Da diese milder gewürzt ist, zusätzlich Paprikapulver rosenscharf und etwas Cayennepfeffer hinzufügen.*

Puten-Gemüse-Pfanne

Zutaten

Für die Marinade:
1 Knoblauchzehe
1 TL gehackter, frischer Ingwer
1 Prise Zucker
3 EL Sojasauce
2 EL trockener Sherry

500 g Putenbrustfilet
300 g Staudensellerie
400 g Porree (Lauch)
25 g getrocknete Mu-Err-Pilze
50 g Glasnudeln
100 g Bambussprossen, in Streifen (aus der Dose)
3 EL Sojaöl
1 Topf Koriander
100 g frische Sojasprossen
250 ml (¼ l) Hühnerbrühe
1–2 TL Speisestärke
2 EL trockener Sherry
Salz
frisch gemahlener Pfeffer
Sojasauce

Zubereitungszeit:
45 Minuten, ohne Marinier- und Quellzeit

Pro Portion:
E: 38 g, F: 12 g, Kh: 13 g, kJ: 1643, kcal: 392

FÜR GÄSTE

1 Für die Marinade Knoblauch abziehen, hacken und mit Ingwer, Zucker, Sojasauce und Sherry vermischen.

2 Putenbrustfilet unter fließendem kalten Wasser abspülen, trockentupfen, in dünne Streifen schneiden, mit der Marinade vermischen und mindestens 1 Stunde darin ziehen lassen, dabei zwischendurch wenden.

3 Staudensellerie putzen, waschen, die harten Außenfäden abziehen und die Stangen in schmale Streifen schneiden. Porree putzen, die Stangen längs halbieren, gründlich waschen und schräg in Ringe schneiden.

4 Pilze und Glasnudeln getrennt mit kochendem Wasser übergießen und nach Packungsanleitung quellen lassen. Bambussprossen in ein Sieb geben, kalt abspülen und abtropfen lassen.

5 Das Fleisch aus der Marinade nehmen und mit Küchenpapier trockentupfen. Öl in einem Wok erhitzen. Die Fleischstreifen darin unter Rühren kurz anbraten und mit einer Schaumkelle herausnehmen.

6 Staudensellerie und Porree in das Bratfett geben und unter Rühren so lange braten (etwa 3 Minuten), bis das Gemüse gar, aber noch knackig ist.

7 Koriander kalt abspülen, trockentupfen und die Blättchen von den Stängeln zupfen. Sojasprossen verlesen, kalt abspülen und abtropfen lassen. Pilze abtropfen lassen und in Streifen schneiden. Nudeln abtropfen lassen und mit einer Schere klein schneiden.

8 Hühnerbrühe zum Gemüse geben und zum Kochen bringen. Nudeln, Bambussprossen, Sojabohnensprossen, Fleisch und Pilze hinzufügen und aufkochen lassen. Speisestärke mit Sherry verrühren und unter Rühren zum Gemüse geben. Das Gericht mit Salz, Pfeffer und Sojasauce abschmecken. Koriander kurz vor dem Servieren unterheben.

Geflügel-Wurst-Pfanne

Zutaten

1 Gemüsezwiebel (300 g)
1–2 Knoblauchzehen
250 g Hähnchenbrustfilet
250 g Geflügel-Fleischwurst
3 EL Speiseöl
Salz
frisch gemahlener Pfeffer
2 Pck. (je 300 g) TK-Rahm-Königsgemüse
250 ml (¼ l) Wasser
1 Bund Petersilie
Paprikapulver rosenscharf

Zubereitungszeit:
30 Minuten

Pro Portion:
E: 33 g, F: 27 g, Kh: 22 g, kJ: 1880, kcal: 449

SCHNELL

1 Gemüsezwiebel und Knoblauch abziehen. Knoblauch durch die Presse drücken, Zwiebel würfeln. Hähnchenbrustfilet unter fließendem kalten Wasser abspülen, trockentupfen und in Würfel schneiden. Wurst ebenfalls würfeln.

2 Öl in einem Wok erhitzen. Fleisch- und Wurstwürfel unter Rühren darin etwa 5 Minuten braten, mit einer Schaumkelle herausnehmen und mit Salz und Pfeffer würzen.

3 Zwiebeln und Knoblauch in dem Bratfett kurz anbraten. Unaufgetautes Rahm-Königsgemüse mit dem Wasser hinzufügen, zum Kochen bringen und bei schwacher Hitze 5–6 Minuten köcheln lassen. Dabei gelegentlich umrühren.

4 In der Zwischenzeit Petersilie kalt abspülen, trockentupfen, einige Stängel zum Garnieren beiseite legen, die restlichen Blättchen von den Stängeln zupfen und hacken.

5 Fleisch, Wurst und gehackte Petersilie zum Gemüse geben, erhitzen und mit Salz, Pfeffer und Paprikapulver abschmecken. Die Geflügel-Wurst-Pfanne mit Petersilie garniert servieren.

Tipp: *TK-Rahm-Königsgemüse besteht aus Broccoli, Möhren, Blumenkohl und Sahne.*

Abwandlung: *Sie können nach Belieben auch 500 g anderes TK-Gemüse verwenden. Die Garzeit richtet sich nach der Packungsanleitung. Geben Sie dann zusammen mit dem Wasser 100 ml Schlagsahne oder 100 g Crème fraîche hinzu und würzen Sie das Gemüse mit Salz und Pfeffer.*

Fischragout mit Fenchel

Zutaten

2 kleine Fenchelknollen
½ Salatgurke
1 Zwiebel
1 rote Paprikaschote
1 kleines Glas entkernte schwarze Oliven (Abtropfgewicht 85 g)
400 g Rotbarschfilet
Salz
20 g Butterschmalz
100 ml Fischfond
4–5 EL Weißwein
1 Bund Dill
frisch gemahlener Pfeffer

Zubereitungszeit:
40 Minuten

Pro Portion:
E: 21 g, F: 12 g, Kh: 5 g, kJ: 977, kcal: 233

RAFFINIERT

1 Von den Fenchelknollen die Stiele dicht oberhalb der Knollen abschneiden, braune Stellen und Blätter entfernen (etwas Fenchelgrün beiseite legen), die Wurzelenden gerade schneiden, die Knollen waschen, halbieren und würfeln.

2 Gurke waschen, schälen, längs halbieren, mit einem Löffel entkernen und die Hälften in Stücke schneiden. Zwiebel abziehen und würfeln. Paprikaschote halbieren, entstielen, entkernen, die weißen Scheidewände entfernen, die Schote waschen und würfeln. Oliven abtropfen lassen und in Scheiben schneiden.

3 Rotbarschfilet unter fließendem kalten Wasser abspülen, trockentupfen, in große Würfel schneiden und salzen.

4 Butterschmalz in einem Wok erhitzen. Das vorbereitete Gemüse und die Olivenscheiben darin kurz andünsten. Fischfond und Weißwein hinzugießen. Die Fischstücke auf das Gemüse legen. Den Deckel auflegen und Fisch und Gemüse bei mittlerer Hitze etwa 10 Minuten garen.

5 In der Zwischenzeit Dill abspülen und trockentupfen. Fenchelgrün und Dill hacken. Das Fischragout mit Salz und Pfeffer abschmecken und mit Fenchel- und Dillgrün bestreuen.

Tipp: *Sie können das Fischragout auch mit Schellfisch- oder Kabeljaufilet zubereiten.*

Beilage: *Baguette oder Reis.*

Tintenfischringe mit Frühlingszwiebeln

Zutaten

2 Portionen

- 350 g Tintenfischtuben
- 2 EL Kartoffelstärke
- 2 EL Sojasauce
- 2 EL Sesamöl
- 250 g Frühlingszwiebeln
- 500 ml (½ l) Speiseöl
- 5 EL Sojaöl
- 1 TL fein gehackter Ingwer
- 2 TL Zucker
- 2 Prisen weißer Pfeffer
- 1 TL Salz
- 5 EL Gemüsebrühe
- 5 EL Reiswein
- 1 TL Kartoffelstärke
- 2 EL Speiseöl
- 1 TL Sojasauce

Zubereitungszeit:
40 Minuten

Pro Portion:
E: 33 g, F: 80 g, Kh: 29 g, kJ: 4366, kcal: 1044

RAFFINIERT

1 Tintenfischtuben unter fließendem kalten Wasser abspülen, die Haut abziehen und den Tintenfisch in ½ cm breite Ringe schneiden.

2 Für die Marinade Kartoffelstärke, Sojasauce und Sesamöl miteinander verrühren und die Tintenfischringe darin etwa 20 Minuten einlegen.

3 Frühlingszwiebeln putzen, waschen, in 4 cm lange Stücke schneiden. Einen heißen Wok zweimal mit etwas Speiseöl ausschwenken. 500 ml (½ l) Speiseöl darin erhitzen, die Tintenfischringe etwa 1 Minute frittieren, herausnehmen und auf Küchenpapier abtropfen lassen. Das Öl in ein Vorratsgefäß zurückgießen. Sojaöl im Wok erhitzen, Ingwer darin anbraten, dann die Frühlingszwiebeln dazugeben.

4 Für die Sauce Zucker, Pfeffer, Salz, Gemüsebrühe, Reiswein, Kartoffelstärke, Speiseöl und Sojasauce vermischen, über die Frühlingszwiebeln geben, verrühren und aufkochen lassen.

5 Zum Schluss die Tintenfischringe dazugeben, ganz kurz erhitzen und sofort heiß servieren.

Tipp: *Ingwer wird in sehr vielen chinesischen Rezepten benutzt, besonders bei Fischgerichten. Er bindet den Fischgeruch und gibt sein feines Aroma an das Gericht ab.*

Garnelen mit Ingwer und Knoblauch

Zutaten

2 Portionen

20 g Ingwerwurzel
4–5 Knoblauchzehen
5–6 EL Cognac oder Weinbrand
4 EL Speiseöl
8–10 küchenfertige Riesengarnelen (ohne Schale)
30 g Butter
¼ Bund Dill
150 ml Schlagsahne

Zubereitungszeit:
20 Minuten, ohne Marinierzeit

Pro Portion:
E: 21 g, F: 57 g, Kh: 7 g,
kJ: 3062, kcal: 732

ETWAS TEURER

1 Ingwer schälen und in feine Streifen schneiden. Knoblauch abziehen und in Scheiben schneiden. Für die Marinade jeweils die Hälfte Ingwer, Knoblauch, Cognac oder Weinbrand und Öl verrühren.

2 Garnelen so halbieren, dass sie an einer Seite noch zusammen sind, dabei den Darm evtl. entfernen. Garnelen unter fließendem kalten Wasser abspülen, trockentupfen, mit der Marinade beträufeln und 2–3 Stunden darin marinieren, dabei ab und zu wenden. Die Garnelen abtropfen lassen, dabei die Marinade auffangen.

3 Das restliche Öl in einem Wok erhitzen. Die Garnelen mit der Schnittseite zuerst darin anbraten, dann wenden und die andere Seite ebenfalls anbraten. Mit einer Schaumkelle herausnehmen.

4 Restlichen Ingwer, Knoblauch und Butter in das Bratfett geben und kurz anbraten. Die Marinade hinzufügen und alles etwa 2 Minuten bei schwacher Hitze köcheln lassen.

5 Dill kalt abspülen, trockentupfen, einige Zweige zum Garnieren beiseite legen und die restlichen hacken. Sahne in den Wok geben und alles weitere 3 Minuten köcheln lassen. Garnelen in die Sauce geben und erhitzen.

6 Mit Salz, Pfeffer und dem restlichen Cognac oder Weinbrand abschmecken. Kurz vor dem Servieren mit Dill bestreuen und garnieren.

Beilage: *Gekochter Reis mit gehackter Petersilie oder Erbsen gemischt.*

Tipp: *Anstelle des frischen Ingwers können Sie ersatzweise Ingwer in Sirup verwenden. Den Alkohol können Sie auch durch die gleiche Menge Orangensaft ersetzen.*

Teriyaki von Schweinefilet und Garnelen

Zutaten

Foto

400 g Schweinefilet
12 Riesengarnelen (geschält), 6 EL Sojasauce
3 EL Reiswein
4 EL Erdnussöl
gehackter bunter Pfeffer
Zitronenmelisseblättchen

Zubereitungszeit:
25 Minuten

Pro Portion:
E: 48 g, F: 17 g, Kh: 4 g, kJ: 1627, kcal: 388

FÜR GÄSTE

1 Schweinefilet unter fließendem kalten Wasser abspülen, trockentupfen und in dünne Scheiben schneiden. Garnelen kurz unter fließendem kalten Wasser abspülen, trockentupfen, evtl. halbieren und den Darm entfernen. Für die Marinade Sojasauce und Reiswein mischen. Fleischscheiben und Garnelen darin etwa 30 Minuten marinieren, zwischendurch wenden.

2 Fleisch und Garnelen aus der Marinade nehmen und etwas abtropfen lassen, dabei die Marinade aufheben.

3 Öl in einem Wok erhitzen. Zuerst die Fleischscheiben unter Rühren in mehreren Portionen anbraten und herausnehmen. Dann die Garnelen etwa 2 Minuten anbraten. Das Filet wieder hinzufügen.

4 Das Gericht mit Pfeffer bestreuen, mit der zurückgelassenen Marinade beträufeln und mit Zitronenmelissenblättchen garnieren.

Muschel-Tomaten-Pfanne

Zutaten

2 Portionen

400 g TK-Muscheln mit Schale
2 Knoblauchzehen
200 g Zucchini
300 g Tomaten

1 Muscheln aus der Packung nehmen und etwas antauen lassen. Knoblauch abziehen. Zucchini waschen, abtrocknen, die Enden abschneiden, Zucchini längs halbieren und in Scheiben schneiden. Tomaten waschen, abtrocknen, die Stängelansätze herausschneiden, Tomaten entkernen und in Würfel schneiden.

(Fortsetzung Seite 64)

3 EL Olivenöl
1 EL Tomatenketchup
1 kleine Dose passierte Tomaten (400 g)
Salz, Pfeffer
Cayennepfeffer

Zubereitungszeit:
20 Minuten

Pro Portion:
E: 17 g, F: 17 g, Kh: 27 g, kJ: 1473, kcal: 352

2 Öl in einem Wok erhitzen. Knoblauch durch die Presse drücken und zusammen mit den Zucchinischeiben im Öl andünsten. Tomatenstücke, Ketchup und die passierten Tomaten hinzufügen und mit den Gewürzen bestreuen.

3 Die Muscheln evtl. kurz abspülen und zum Gemüse geben. Den Deckel auflegen und Gemüse und Muscheln etwa 10 Minuten langsam erwärmen und garen. Umrühren und evtl. nochmals abschmecken.

Beilagentipp: *Dazu passt Fladenbrot oder Baguette.*

Tipp: *Wenn Sie zu dieser Pfanne 250 g Spaghetti kochen, reicht das Gericht für 4 Portionen.*

Lachs-Mangold-Pfanne

Zutaten

etwa 750 g Mangold
2 TL Zitronensaft
2 Zwiebeln
2 Pck. TK-Lachsfilets (je 250 g)
3 EL Speiseöl
Salz, Pfeffer
Paprikapulver edelsüß
200 g Cocktailtomaten
8 Garnelenschwänze (gekocht, ohne Schale)

Zubereitungszeit:
25 Minuten

Pro Portion:
E: 36 g, F: 14 g, Kh: 8 g, kJ: 1998, kcal: 479

ETWAS TEURER

1 Mangold putzen (evtl. dabei die großen Blattstiele entfernen) und mehrmals waschen. Das Grün erst von den Stielen, dann in Streifen schneiden. Die Stiele abziehen, in Streifen schneiden und sofort in Zitronensaft schwenken.

2 Zwiebeln abziehen und würfeln. Lachsfilets etwas antauen lassen, dann in je 3 Stücke schneiden. Die Mangoldstiele auf Küchenpapier abtropfen lassen.

3 Öl in einem Wok erhitzen. Die Lachsstücke darin anbraten und mit Salz, Pfeffer und Paprikapulver bestreuen. Mangoldgrün und -stiele mit den Zwiebelwürfeln hinzufügen, unter Rühren mit andünsten und nochmals abschmecken. Den Deckel auflegen und alles etwa 5 Minuten dünsten lassen, evtl. etwas Wasser hinzufügen.

4 Cocktailtomaten waschen, abtropfen lassen und mit den Garnelen auf das Gemüse legen. Alles zugedeckt noch etwa 3 Minuten garen. Evtl. nochmals abschmecken.

Abwandlung: *Anstelle von Mangold können Sie auch 450 g TK-Blattspinat nehmen und vor Verwendung auftauen lassen.*

Jakobsmuscheln mit Broccoli

Zutaten

2 Portionen

4 getrocknete Mu-Err-Pilze
250 g Jakobsmuscheln
(ohne Schale)
Salz
1 TL Speisestärke
1 kleine Möhre
10 g Ingwerwurzel (oder
1 Msp. gemahlener Ingwer)
2 Knoblauchzehen
250 g Broccoli
2–3 EL Speiseöl
6 EL Wasser
3–4 EL Tomatensaft
frisch gemahlener Pfeffer
Cayennepfeffer

Zubereitungszeit:
25 Minuten,
ohne Einweichzeit

Pro Portion:
E: 17 g, F: 14 g, Kh: 15 g,
kJ: 1139, kcal: 273

ETWAS TEURER

1 Pilze nach Packungsanleitung in Wasser einweichen, evtl. unter fließendem kalten Wasser abspülen.

2 Jakobsmuscheln unter fließendem kalten Wasser abspülen, größere Muscheln klein schneiden und mit Salz und Speisestärke verrühren.

3 Möhre putzen, schälen und waschen. Ingwer schälen. Knoblauch abziehen. Die 3 Zutaten in Scheiben schneiden.

4 Broccoli putzen, in kleine Röschen teilen, waschen, in kochendem Salzwasser etwa 2 Minuten kochen, in kaltem Wasser abschrecken und abtropfen lassen. Eingeweichte Pilze abtropfen lassen und klein schneiden.

5 Öl in einem Wok erhitzen. Pilze, Ingwer, Möhren und Knoblauch hineingeben und unter Rühren etwa 3 Minuten garen. Wasser und Broccoli hinzufügen und alles weitere 3 Minuten garen.

6 Jakobsmuscheln und Tomatensaft hinzufügen und aufkochen lassen. Mit Salz, Pfeffer und Cayennepfeffer abschmecken.

Tipp: *Die beste Zeit für Jakobsmuscheln liegt zwischen Oktober und März.*

Beilage: *Schmale Bandnudeln oder Weißbrot.*

Abwandlung: *Sie können auch Miesmuscheln mit Schale verwenden. Diese in reichlich kaltem Wasser gründlich waschen und einzeln abbürsten, bis sie nicht mehr sandig sind (Muscheln, die sich beim Waschen öffnen, sind nicht genießbar). Die Muscheln dann etwa 10 Minuten in einem Sud aus Weißwein und Wasser so lange erhitzen, bis sie sich öffnen (Muscheln, die sich nicht geöffnet haben, sind nicht genießbar) und zum Schluss auf dem Broccoli anrichten.*

Garnelen-Curry

Zutaten

2 Portionen

350 g rohe TK-Riesengarnelen ohne Schale (King Prawns)
20 g Ingwerwurzel
5 Knoblauchzehen
1 EL Sojasauce
1–2 EL Speisestärke
2 EL Currypulver
1 EL Garam Masala (indische Gewürzmischung)
150 g Möhren
150 g Zuckerschoten
1 Bund Frühlingszwiebeln
3 EL Sojaöl
150 ml Hühnerbrühe
100 ml Kokosmilch (aus der Dose)
Salz
frisch gemahlener Pfeffer

Zubereitungszeit:
30 Minuten, ohne Auftau- und Kühlzeit

Pro Portion:
E: 40 g, F: 21 g, Kh: 34 g, kJ: 2164, kcal: 516

RAFFINIERT

1 Garnelen nach Packungsanleitung auftauen lassen. Ingwer und Knoblauch schälen und fein hacken.

2 Garnelen unter fließendem kalten Wasser abspülen, trockentupfen, mit Ingwer, Knoblauch, Sojasauce, Speisestärke, Curry und Garam Masala vermischen und bis zur weiteren Verwendung kalt stellen.

3 Möhren putzen, schälen, waschen und in Scheiben schneiden. Zuckerschoten putzen, die Enden abschneiden, die Schoten nach Belieben halbieren und waschen. Frühlingszwiebeln putzen, waschen und in etwa 2 cm große Stücke schneiden.

4 Öl in einem Wok erhitzen. Garnelen darin unter Rühren bei mittlerer Hitze von allen Seiten anbraten und mit einer Schaumkelle herausnehmen.

5 Möhren, Zuckerschoten und Frühlingszwiebeln in das Bratfett geben und kurz andünsten. Hühnerbrühe und Kokosmilch hinzufügen. Den Deckel auflegen und das Gemüse etwa 3 Minuten garen.

6 Die Garnelen zum Gemüse geben, erhitzen und das Curry mit Salz und Pfeffer abschmecken.

Tipp: *Dazu passt Basmatireis und gemischtes, gedünstetes Gemüse oder Tomatensalat mit Koriander. Statt des frischen Ingwers kann auch eingelegter Ingwer verwendet werden. Zusätzlich können Sie noch 150 g halbierte Cocktailtomaten zum Schluss hinzufügen. Wenn Sie die Garnelen nach dem Braten mit etwas Currypulver bestreuen, dann ist der Geschmack noch intensiver.*
Übrig gebliebene Kokosmilch in einen Becher füllen und einfrieren.

Thailändischer Fischeintopf

Zutaten

2–4 Portionen

1 grüne Chilischote
1 rote Chilischote
½ Stängel Zitronengras
20 g Ingwerwurzel
2 TL Korianderkörner
1,5 l Fischfond oder -brühe
400 g Rotbarbenfilet
½ Bund Koriander
400 g gegarte Tintenfischringe
200 g gegarte, geschälte Garnelen
300 g gegarter Reis
Sojasauce
Salz
frisch gemahlener, weißer Pfeffer

Zubereitungszeit:
35 Minuten

Pro Portion:
E: 23 g, F: 18 g, Kh: 25 g, kJ: 1537, kcal: 366

FÜR GÄSTE

1 Chilischoten halbieren, entstielen, entkernen, die Schoten waschen und in Ringe schneiden.

2 Zitronengras putzen und in 2 cm lange Stücke schneiden. Ingwer schälen und in Scheiben schneiden. Korianderkörner in einem Mörser leicht zerstoßen.

3 Fischfond oder -brühe mit Zitronengras, der Hälfte der Chiliringe, Korianderkörnern und Ingwerscheiben in einen Wok geben und bei schwacher Hitze 15 Minuten köcheln lassen.

4 In der Zwischenzeit Rotbarbenfilet unter fließendem kalten Wasser abspülen, trockentupfen und in Stücke schneiden. Koriander kalt abspülen, trockentupfen und die Blättchen von den Stängeln zupfen.

5 Die Brühe durch ein Sieb gießen, wieder in den Wok geben und aufkochen lassen. Restliche Chiliringe, Rotbarbenstücke, Tintenfischringe, Garnelen und Reis in die Brühe geben und 5–8 Minuten darin ziehen lassen.

6 Den Eintopf mit Sojasauce, Salz und Pfeffer abschmecken. Korianderblätter kurz vor dem Servieren hinzufügen.

Tipp: *Beim Entkernen der Chilischoten müssen Sie vorsichtig sein, da die Schoten sehr scharf sind. Nach dem Schneiden am besten die Hände waschen. Nicht in die Augen fassen, da es sehr stark brennt.*
Wenn Sie kein frisches Zitronengras bekommen, können Sie ersatzweise getrocknetes Zitronengras oder 1 breiten Streifen Zitronenschale (unbehandelt) verwenden.

Gebratenes Gemüse

Zutaten

200 g Zuckerschoten
200 g Möhren
1 Salatgurke
1 rote Paprikaschote
250 g Champignons
3 EL Speiseöl
200 ml Gemüsebrühe
2–3 EL Sojasauce
2–3 EL Reiswein oder trockener Sherry
100 g frische Sojasprossen
½ Bund Estragon
1 EL Speisestärke
3 EL Wasser
Salz
frisch gemahlener Pfeffer
gemahlener Koriander

Zubereitungszeit:
35 Minuten

Pro Portion:
E: 6 g, F: 9 g, Kh: 14 g,
kJ: 720, kcal: 171

VEGETARISCH

1 Zuckerschoten putzen, die Enden abschneiden, die Schoten waschen, abtropfen lassen und 1–2-mal schräg durchschneiden. Möhren putzen, schälen, waschen und in Scheiben schneiden. Gurke waschen, längs halbieren und die Kerne herauskratzen. Die Gurkenhälften nochmals längs halbieren und quer in Stücke schneiden.

2 Paprikaschote halbieren, entstielen, entkernen, die weißen Scheidewände entfernen, die Schote waschen und würfeln. Champignons putzen, mit Küchenpapier abreiben, evtl. abspülen, abtropfen lassen und halbieren oder vierteln.

3 Öl in einem Wok erhitzen. Zuckerschoten und Champignons darin etwa 2 Minuten unter Rühren braten und mit einer Schaumkelle herausnehmen. Möhren und Paprika in das Bratfett geben und unter Rühren kurz anbraten. Mit Brühe, Sojasauce und Reiswein oder Sherry ablöschen. Den Deckel auflegen und das Gemüse etwa 5 Minuten bei schwacher Hitze garen.

4 In der Zwischenzeit Sojasprossen verlesen, waschen und abtropfen lassen. Estragon abspülen, trockentupfen, einige Blätter zum Garnieren zurücklassen und den Rest hacken. Gurken, Zuckerschoten und Champignons zum Gemüse geben und etwa 2 Minuten unter Rühren garen.

5 Stärke mit Wasser verrühren, unter das kochende Gemüse rühren und aufkochen lassen. Sojasprossen und gehackten Estragon unterheben. Mit Salz, Pfeffer und Koriander abschmecken und noch 1 Minute unter Rühren garen. Das Gemüse mit den Estragonblättern garnieren.

Zwiebel-Möhren-Gemüse

Zutaten

1 Gemüsezwiebel (300 g)
2–3 Knoblauchzehen
500 g Möhren
2 rote Paprikaschoten (je 200 g)
3 EL Speiseöl
150 ml Gemüsebrühe
1–2 TL Speisestärke
1 Msp. 5-Gewürz-Pulver
3–4 EL Sojasauce
1 Dose Sojasprossen (Abtropfgewicht 175 g)
Salz
frisch gemahlener Pfeffer
1–2 EL trockener Sherry

Zubereitungszeit:
40 Minuten

Pro Portion:
E: 6 g, F: 9 g, Kh: 18 g, kJ: 770, kcal: 184

VEGETARISCH

1 Zwiebel abziehen, vierteln und in Streifen schneiden. Knoblauch abziehen und durch die Knoblauchpresse drücken. Möhren putzen, schälen, waschen und in dünne Scheiben schneiden. Paprikaschoten halbieren, entstielen, entkernen, die weißen Scheidewände entfernen, die Schoten waschen und in feine Streifen schneiden.

2 Öl in einem Wok erhitzen. Zwiebel und Knoblauch unter Rühren etwa 5 Minuten darin braten. Paprika und Möhren zugeben und unter Rühren etwa 3 Minuten braten.

3 Gemüsebrühe hinzufügen, den Deckel auflegen und das Gemüse bei mittlerer Hitze etwa 5 Minuten garen.

4 Stärke mit 5-Gewürz-Pulver und Sojasauce verrühren, zum Gemüse geben und unter Rühren aufkochen lassen. Sojasprossen in einem Sieb abspülen, abtropfen lassen, zum Gemüse geben und erhitzen. Das Gemüse mit Salz, Pfeffer und Sherry abschmecken.

Abwandlung: *Sie können das Zwiebel-Möhren-Gemüse auch mit Schweinefleisch servieren. Dazu 400 g Schweineschnitzel unter fließendem kalten Wasser abspülen, trockentupfen, in Streifen schneiden und als Erstes in dem erhitzen Öl 6–8 Minuten anbraten. Die Fleischstreifen nach dem Anbraten mit einer Schaumkelle herausnehmen und mit Salz und Pfeffer würzen. Es dann mit den Sojasprossen wieder hinzufügen.*

Beilage: *Reis oder Spaghettini (4-Minuten-Spaghetti).*

Tofu mit Champignons auf Spinatbett

Zutaten

2 Portionen

300 g Tofu
120 g frische Champignons
200 g Blattspinat
3 EL Speiseöl
Salz
evtl. 1 Prise Glutamat
1 Prise Zucker
5 EL Speiseöl
1 ½ EL Sha-Cha-Jiang-Sauce (Asialaden)
250 ml (¼ l) Gemüsebrühe
2 EL süße Sojasauce
1 EL Zucker
½ TL Salz
1 TL Kartoffelstärke
3 EL Sesamöl

Zubereitungszeit:
35 Minuten

Pro Portion:
E: 18 g, F: 75 g, Kh: 19 g,
kJ: 3528, kcal: 843

SCHNELL

1 Tofu in Würfel von 2 x 2 cm schneiden. Champignons mit Küchenpapier abreiben, evtl. abspülen, abtropfen lassen und in kleine Stücke schneiden. Spinat verlesen, waschen und kurz blanchieren.

2 3 Esslöffel Speiseöl in einen heißen Wok geben und den Spinat unter Rühren darin anbraten. Mit Salz, nach Belieben Glutamat und Zucker bestreuen und etwa 1 Minute garen. Den Spinat mit einem Sieb herausnehmen und auf einem Teller warmhalten.

3 5 Esslöffel Speiseöl in dem Wok erhitzen, die Sha-Cha-Jiang-Sauce hineingeben und mit Gemüsebrühe ablöschen. Tofuwürfel und Champignonstücke dazugeben und bei milder Hitze 5–6 Minuten garen.

4 Sojasauce, Zucker, Salz und Kartoffelstärke einrühren und binden lassen. Zum Schluss die Tofuwürfel mit Sesamöl beträufeln und auf dem Spinatbett servieren.

Tipp: *Anstelle von Blattspinat kann auch Mangold verwendet werden.*

Geschmorter Kürbis mit Auberginen

Zutaten
3 Portionen

200 g Auberginen
500 g Kürbis
3 Knoblauchzehen
3 EL Erdnussöl
500 ml (½ l) Gemüsebrühe
2 ½ EL Zucker
frisch gemahlener Pfeffer
1 ½ TL Salz
2 EL Sesamöl

Zubereitungszeit:
40 Minuten

Pro Portion:
E: 3 g, F: 21 g, Kh: 20 g,
kJ: 1233, kcal: 294

PREISWERT

1 Auberginen putzen, waschen und in dreieckige Stücke schneiden. Kürbis schälen, entkernen und in Würfel schneiden. Knoblauch abziehen und fein hacken.

2 Erdnussöl in einen heißen Wok geben und Knoblauch darin anbraten. Auberginen etwa 2 Minuten mitbraten. Kürbis dazugeben. Nach etwa 1 Minute Gemüsebrühe zugießen, aufkochen lassen und im geschlossenen Wok bei mittlerer Hitze etwa 20 Minuten garen lassen.

3 Mit Zucker, Pfeffer und Salz abschmecken und etwa 3 Minuten weiterkochen, dabei evtl. die Hitze erhöhen, um die Flüssigkeit einzukochen. Zum Servieren mit Sesamöl überträufeln.

Abwandlung: *Anstelle von Kürbis kann auch dieselbe Menge Zucchini verwendet werden.*

Tipp: *Auberginen sind wegen ihres Gehaltes an Solanin und Bitterstoffen nicht für den Rohgenuss geeignet. Erst gekocht, gebraten oder gedünstet sind sie vielfältig verwendbar. Unreife Früchte können bei Zimmertemperatur nachreifen. Auberginen aber nicht zusammen mit Tomaten, Äpfeln oder anderem reifenden Obst oder Gemüse lagern, da diese das Reifungsgas Äthylen ausscheiden.*

Buntes Gemüse

Zutaten

2 Zwiebeln
1–2 Knoblauchzehen
2 rote Paprikaschoten
1–2 rote Chilischoten
200 g Porree (Lauch)
1 Dose Gemüsemais (Abtropfgewicht 285 g)
3 EL Speiseöl
½ Pck. (=150 g) TK-Brechbohnen
150 ml Gemüsebrühe
100 g frische Sojasprossen
½ Bund glatte Petersilie
Salz
frisch gemahlener Pfeffer
Paprikapulver rosenscharf

Zubereitungszeit:
35 Minuten

Pro Portion:
E: 5 g, F: 9 g, Kh: 22 g,
kJ: 791, kcal: 189

VEGETARISCH

1 Zwiebeln und Knoblauch abziehen. Zwiebeln halbieren und grob würfeln. Knoblauch in Scheiben schneiden.

2 Paprikaschoten vierteln, entstielen, entkernen, die weißen Scheidewände entfernen, die Schoten waschen und in feine Streifen schneiden. Chilischoten putzen, längs aufschneiden, entkernen, die weißen Scheidewände entfernen, Schoten abspülen und in Streifen schneiden.

3 Porree putzen, die Stangen längs halbieren, gründlich waschen und in feine Streifen schneiden. Mais in ein Sieb geben, abspülen und abtropfen lassen.

4 Öl in einem Wok erhitzen. Zwiebeln, Knoblauch und unaufgetaute Bohnen darin kurz unter Rühren anbraten. Porree, Paprika, Chilischoten, Mais und Brühe hinzufügen. Den Deckel auflegen und das Gemüse bei mittlerer Hitze etwa 10 Minuten garen.

5 In der Zwischenzeit Sojasprossen verlesen, kalt abspülen und abtropfen lassen. Petersilie kalt abspülen, trockentupfen, die Blättchen von den Stängeln zupfen, einige Blättchen zum Garnieren beiseite legen und den Rest in Streifen schneiden. Die Sprossen in den Wok geben und alles ohne Deckel noch etwa 2 Minuten köcheln lassen.

6 Das Gemüse mit Salz, Pfeffer und Paprika würzen. Gehackte Petersilie unterheben. Das bunte Gemüse mit den zurückgelassenen Petersilienblättchen garniert servieren.

Beilage: *Reis.*

Tipp: *Wenn Sie zusätzlich etwa 165 g Mie-Nudeln (Instant-Nudeln) nach Packungsanleitung zubereiten und zusammen mit den Sojasprossen zum Gemüse geben, benötigen Sie keine gesonderte Beilage.*

Shiitake-Gemüse-Pfanne

Zutaten

- 60 g Weizenkörner
- 125 ml (⅛ l) Gemüsebrühe
- 2 EL Sojasauce
- 2 Zwiebeln (120 g)
- 1 Knoblauchzehe
- 300 g Möhren
- 1 Kohlrabi
- 200 g möglichst kleine Zucchini
- 400 g Shiitake-Pilze
- 30 g Butterschmalz
- Salz
- frisch gemahlener, schwarzer Pfeffer
- 1–2 EL Zitronensaft
- 1 Kästchen Kresse

Zubereitungszeit:
60 Minuten,
ohne Einweichzeit

Pro Portion:
E: 7 g, F: 9 g, Kh: 21 g,
kJ: 826, kcal: 198

VEGETARISCH

1 Weizenkörner über Nacht in kaltem Wasser einweichen. Weizen dann in ein Sieb geben, abtropfen lassen und in Brühe und Sojasauce etwa 25 Minuten kochen.

2 Zwiebeln und Knoblauch abziehen. Zwiebeln würfeln. Knoblauch durch die Knoblauchpresse geben. Möhren putzen, schälen und waschen. Kohlrabi schälen und waschen. Beide Zutaten in kleine Würfel schneiden.

3 Zucchini waschen, die Enden abschneiden, Zucchini längs vierteln und in Stücke schneiden. Shiitake-Pilze putzen, mit Küchenpapier abreiben, dickere Stängel abschneiden.

4 Butterschmalz in einem Wok zerlassen. Zwiebelwürfel und Knoblauch darin unter Rühren kurz anbraten. Pilze, Möhren und Kohlrabi hinzufügen, kurz andünsten. Den Deckel auflegen und das Gemüse bei mittlerer Hitze etwa 5 Minuten garen, dabei ab und zu umrühren.

5 Weizenkörner und Zucchini hinzufügen und alles weitere 3 Minuten im geschlossenen Wok garen.

6 Das Gericht mit Salz, Pfeffer und Zitronensaft würzen. Kresse kalt abspülen, abtropfen lassen, abschneiden und kurz vor dem Servieren unter das Gemüse heben.

Tipp: *Die Shiitake-Pilze nach Belieben in Streifen schneiden. Es können auch große braune Champignons verwendet werden, diese dann halbieren.*
Die Einweichzeit des Weizens reduziert die Kochzeit, sie würde sonst etwa 1 ½ Stunden betragen. Wer keine Weizenkörner mag, kann die gleiche Menge Grünkern verwenden.

Beilage: *Langkornreis mit Wildreis gemischt.*

Zwiebelpfannkuchen mit Kokossauce

Zutaten

Für den Zwiebelteig:
350 g Zwiebeln
3 EL Klebereis (gegart)
8 EL Weizenmehl
125 ml (⅛ l) Wasser
1 Prise Salz
½ TL Zucker
evtl. 1 Prise Glutamat
2 EL Speiseöl

Für die Sauce:
375 ml (⅜ l) ungesüßte Kokosmilch
2 EL Tomatenketchup
1 ½ TL Sambal Oelek
1 ½ EL Zucker
½ TL Salz
evtl. 1 Prise Glutamat
¼ TL weißer Pfeffer
4 EL Speiseöl

1 Frühlingszwiebel
1 EL Speiseöl

Zubereitungszeit:
35 Minuten

Pro Portion:
E: 4 g, F: 22 g, Kh: 35 g,
kJ: 1523, kcal: 364

SCHNELL

1 Für den Zwiebelteig Zwiebeln abziehen, in kleine Stücke schneiden und in einer Schüssel mit Klebereis, Weizenmehl, Wasser, Salz, Zucker, Glutamat und Speiseöl vermengen.

2 Für die Sauce Kokosmilch, Ketchup, Sambal Oelek, Zucker, Salz, Glutamat und Pfeffer in einer Schale verrühren.

3 Einen heißen Wok mit flachem Boden zweimal mit Öl ausschwenken und 2 Esslöffel Speiseöl darin erhitzen. Die Hälfte der Zwiebelteigmasse in die Pfanne gießen, so dass der Boden gleichmäßig bedeckt ist. Den Teig von beiden Seiten etwa 5 Minuten backen.

4 Das restliche Speiseöl in dem Wok erhitzen und aus der restlichen Zwiebelteigmasse auf dieselbe Weise einen zweiten Pfannkuchen backen. Beide Pfannkuchen warm stellen.

5 Frühlingszwiebel putzen, waschen und in Streifen schneiden. 1 Esslöffel Speiseöl in dem Wok erhitzen und die Frühlingszwiebelstreifen darin anbraten.

6 Die Saucenmischung dazugießen, unter Rühren aufkochen lassen und auf kleiner Flamme etwa 2 Minuten kochen lassen. Zum Servieren die Sauce über die Pfannkuchen gießen.

Tipp: *Sambal Oelek ist eine sehr scharfe Würzsauce, die aus gestampftem, mit Salz konserviertem spanischen Pfeffer herstellt wird.*

Gebratener Rotkohl

Zutaten

700 g Rotkohl
1–2 rote Chilischoten
1 Dose Ananasstücke (Abtropfgewicht 136 g)
1 Limette (unbehandelt)
70 g abgezogene, gestiftelte Mandeln
70 g Zucker
1 EL Speiseöl
Salz
frisch gemahlener Pfeffer
4–6 EL Balsamessig
Limettenscheiben (unbehandelt)

Zubereitungszeit:
40 Minuten

Pro Portion:
E: 6 g, F: 12 g, Kh: 28 g, kJ: 1102, kcal: 262

EXOTISCH

1 Vom Rotkohl die groben äußeren Blätter entfernen, den Kohl achteln, den Strunk herausschneiden, den Kohl waschen und in schmale Streifen schneiden. Chilischoten der Länge nach halbieren, entkernen, abspülen und in Streifen schneiden oder hobeln. Ananasstücke in einem Sieb abtropfen lassen, dabei den Saft auffangen.

2 Limette heiß abspülen, trockenreiben und die Schale mit einem Zestenreißer abziehen oder dünn abschälen (ohne das Weiße) und in feine Streifen schneiden. Limette auspressen.

3 Mandeln unter Rühren ohne Fett in einem Wok goldbraun rösten, auf einen Teller geben und abkühlen lassen.

4 Zucker in den Wok geben und goldbraun karamellisieren lassen. Kohlstreifen und Öl hinzufügen, unter Rühren anbraten, mit dem Ananassaft ablöschen und aufkochen lassen. Chilistreifen, Limettensaft und die Hälfte der Limettenschale unterrühren. Den Deckel auflegen und das Ganze etwa 15 Minuten bei mittlerer Hitze garen, dabei ab und zu umrühren.

5 Ananasstücke und Mandelstifte unterheben und erhitzen. Mit Salz, Pfeffer und Balsamessig abschmecken. Das Gericht mit der restlichen Limettenschale bestreuen und mit Limettenscheiben garnieren.

Beilage: *Reis oder kurz gebratenes Fleisch, z. B. Filet oder Rumpsteak.*

Tipp: *Nach Belieben vor dem Servieren 1–2 Esslöffel Sesam- oder Mandelöl über das Gemüse träufeln.*

Abwandlung: *Statt der Ananas können auch 2 in Stücke geschnittene Äpfel und 125 ml (⅛ l) Apfelsaft verwendet werden.*

Linsenpfanne

Zutaten

100 g Schalotten
1–2 Knoblauchzehen
250 g Knollensellerie
3 EL Olivenöl
250 ml (¼ l) Gemüsebrühe
1 Dose Linsen mit Suppengrün (Abtropfgewicht 530 g)
2 Gläser eingelegter Kürbis (Abtropfgewicht je 200 g)
1 Bund Schnittlauch
Salz
frisch gemahlener Pfeffer
Paprikapulver rosenscharf
200–300 g geräucherter Putenbrust- oder Kasseler-Aufschnitt

Zubereitungszeit:
30 Minuten

Pro Portion:
E: 36 g, F: 11 g, Kh: 52 g, kJ: 1980, kcal: 473

EINFACH

1 Schalotten und Knoblauch abziehen. Schalotten in Spalten, Knoblauch in Scheiben schneiden. Sellerie putzen, schälen, waschen und würfeln.

2 Öl in einem Wok erhitzen. Die vorbereiteten Zutaten darin unter Rühren etwa 2 Minuten braten. Gemüsebrühe dazugießen. Den Deckel auflegen und das Ganze bei schwacher Hitze etwa 10 Minuten dünsten.

3 In der Zwischenzeit Linsen und Kürbis in ein Sieb geben, kalt abspülen und abtropfen lassen. Beide Zutaten in den Wok geben und alles aufkochen lassen.

4 Schnittlauch kalt abspülen, trockentupfen, in Röllchen schneiden und zum Gemüse geben. Die Linsenpfanne mit Salz, Pfeffer und Paprika würzen.

5 Den Putenbrust- oder Kasseler-Aufschnitt zu der Linsenpfanne servieren.

Tipp: *Der Putenbrust- oder Kasseler-Aufschnitt kann gut durch Cocktailwürstchen oder in Scheiben geschnittene Fleischwurst ersetzt werden. Diese zusammen mit Linsen und Kürbis in den Wok geben und erhitzen.*

Beilage: *Spätzle oder in Würfel geschnittene Röstkartoffeln.*

Abwandlung: *Das Gericht kann statt mit Gemüsebrühe auch mit 125 ml (⅛ l) Gemüsebrühe und 125 ml (⅛ l) Rotwein zubereitet werden. Anstelle des Fleisches können Sie auch 4 Scheiben (je 75 g) Tofu zuerst in Weizenmehl und dann in Sesamsamen wenden und in Speiseöl braten.*

Mangold-Hirse-Gemüse

Zutaten

70 g getrocknete Aprikosen
150 g Zwiebeln
2–3 Knoblauchzehen
1 Zimtstange
30 g Butterschmalz
1–2 TL gemahlener Kreuzkümmel (Cumin)
150 g Hirse
70 g Rosinen
650 ml Gemüsebrühe
800 g Mangold
2 EL Zitronensaft
Salz
Cayennepfeffer

Zubereitungszeit:
40 Minuten

Pro Portion:
E: 9 g, F: 10 g, Kh: 63 g, kJ: 1597, kcal: 381

RAFFINIERT

1 Aprikosen in Streifen schneiden. Zwiebeln und Knoblauch abziehen. Zwiebeln halbieren und in Spalten schneiden. Knoblauch in Scheiben schneiden. Zimtstange in Stücke brechen.

2 Butterschmalz in einem Wok erhitzen. Zimtstücke und Kreuzkümmel darin unter Rühren kurz anrösten. Zwiebeln und Knoblauch hinzufügen und anbraten. Hirse, Rosinen und Aprikosenstreifen hinzufügen. Die Hälfte der Brühe dazugießen und zum Kochen bringen. Den Deckel auflegen und alles bei mittlerer Hitze etwa 15 Minuten garen. Restliche Brühe nach und nach angießen.

3 In der Zwischenzeit Mangold verlesen, gründlich waschen und abtropfen lassen. Die Mangoldblätter von den Stielen schneiden, die Stiele abziehen, in Streifen schneiden und sofort in Zitronensaft schwenken.

4 Mangoldstiele zur Hirse geben und 8–10 Minuten mitgaren. Mangoldblätter in Streifen schneiden, ebenfalls zur Hirse geben und das Ganze noch etwa 5 Minuten weitergaren. Das Mangold-Hirse-Gemüse mit Salz, Cayennepfeffer und Kreuzkümmel abschmecken.

Tipp: *Anstelle von Hirse können Sie auch Bulgur (Weizengrütze) verwenden. Dabei gegebenenfalls etwas mehr Brühe verwenden (beachten Sie die Flüssigkeitsangabe auf der Packung).*
Wer keinen Mangold bekommt, kann auch frischen Blattspinat verwenden.

Beilage: *Das Gemüse schmeckt auch gut zu Pfannkuchen oder zu Bandnudeln oder Spaghetti. Dann etwas Mangold zurücklassen und fein geschnitten über das fertige Gericht streuen.*

Leberkäse mit Gemüse

Zutaten

500 g Möhren
1 Zwiebel
600 g Leberkäse, in dicken Scheiben
300 g Äpfel
2 Dosen weiße Riesenbohnen (Abtropfgewicht je 250 g)
4 EL Speiseöl
125 ml (⅛ l) Gemüsebrühe
einige Zweige Basilikum
Salz
frisch gemahlener Pfeffer

Zubereitungszeit:
25 Minuten

Pro Portion:
E: 43 g, F: 51 g, Kh: 51 g, kJ: 3689, kcal: 881

SCHNELL

1 Möhren putzen, schälen, waschen, der Länge nach halbieren und schräg in Scheiben schneiden. Zwiebel abziehen, halbieren und in Streifen schneiden. Leberkäsescheiben in kurze Streifen schneiden. Äpfel waschen, vierteln, entkernen und quer in Scheiben schneiden. Bohnen in ein Sieb geben, kalt abspülen und abtropfen lassen.

2 Zwei Esslöffel Öl in einem Wok erhitzen. Die Leberkäsestreifen darin rundherum anbraten und mit einer Schaumkelle herausnehmen.

3 Restliches Öl in dem Wok erhitzen. Zwiebelstreifen und Möhrenscheiben unter Rühren darin anbraten. Apfelscheiben dazugeben und andünsten. Gemüsebrühe, Bohnen und Leberkäsestreifen hinzufügen. Das Ganze bei schwacher Hitze etwa 5 Minuten köcheln lassen, dabei gelegentlich umrühren.

4 Basilikum kalt abspülen, trockentupfen, die Blättchen von den Stängeln zupfen und in den Wok geben. Das Gericht mit Salz und Pfeffer abschmecken.

Tipp: *Anstelle von Riesenbohnen können Sie auch dicke Bohnen aus dem Glas verwenden. Statt des Leberkäses können Sie auch Fleischwurst verwenden.*
Sie können auch getrocknete weiße Bohnen verwenden, die allerdings vorher über Nacht eingeweicht und etwa 45 Minuten in Gemüsebrühe gekocht werden müssen.
Wer es lieber vegetarisch mag, kann statt Leberkäse 400 g gewürfelten Tofu in dem Öl anbraten, herausnehmen und wie ab Punkt 3 beschrieben weiterverarbeiten.

Beilage: *Bratkartoffeln.*

Wirsing-Spinat-Gemüse

Zutaten

500 g Wirsingkohl
2 Knoblauchzehen
2 Zwiebeln
20 g Butterschmalz
1 Pck. (450 g) TK-Blattspinat
70 g Rosinen
125 ml (⅛ l) Gemüsebrühe
Salz
Sambal Oelek
frisch gemahlener Pfeffer
gemahlener Koriander
150 g Schmand
einige Zitronenscheiben zum Garnieren

Zubereitungszeit:
30 Minuten

Pro Portion:
E: 10 g, F: 17 g, Kh: 19 g,
kJ: 1182, kcal: 282

EINFACH

1 Vom Wirsing die groben äußeren Blätter lösen, den Wirsing achteln, den Strunk herausschneiden, den Wirsing abspülen, abtropfen lassen und quer in Streifen schneiden.

2 Knoblauch und Zwiebeln abziehen. Zwiebeln halbieren und in Spalten, Knoblauch in Scheiben schneiden.

3 Butterschmalz in einem Wok erhitzen. Zwiebeln, Knoblauch und Wirsing darin bei mittlerer Hitze unter Rühren anbraten.

4 Den unaufgetauten Spinat mit Rosinen und Gemüsebrühe dazugeben. Den Deckel auflegen und das Gemüse bei mittlerer Hitze etwa 15 Minuten garen, dabei gelegentlich umrühren.

5 Das Wirsing-Spinat-Gemüse mit Salz, Sambal Oelek, Pfeffer und Koriander abschmecken. Mit Schmand und Zitronenscheiben servieren.

Tipp: *Sie können nach Belieben die Hälfte des Spinats durch 1 Dose Gemüsemais (Abtropfgewicht 285 g) ersetzen. Anstelle von Schmand können Sie auch Crème fraîche verwenden.*

Beilage: *Bandnudeln oder kleine Butterkartoffeln.*

Abwandlung: *Aus etwa 400 g Thüringer Mett kleine Klößchen formen und diese mit dem Gemüse (Punkt 4) etwa 8 Minuten garen.*

Nudel-Schinken-Pfanne mit Pfifferlingen

Zutaten

250 g Fadennudeln
500 g Pfifferlinge
100 g Rauke (Rucola)
5 EL Olivenöl
frisch gemahlener Pfeffer
300 g gekochter Schinken, in Scheiben
geriebene Muskatnuss

Zubereitungszeit:
35 Minuten

Pro Portion:
E: 26 g, F: 25 g, Kh: 44 g, kJ: 2230, kcal: 532

FÜR GÄSTE

1 Nudeln in reichlich Salzwasser nach Packungsanleitung kochen, in ein Sieb geben und gut abtropfen lassen.

2 Pfifferlinge putzen, mit Küchenpapier abreiben, evtl. abspülen und abtropfen lassen. Große Pilze nach Belieben halbieren. Rauke putzen, waschen, abtropfen lassen oder trockenschleudern und in grobe Streifen schneiden.

3 Zwei Esslöffel Öl in einem Wok erhitzen. Pfifferlinge darin unter Rühren rundherum anbraten. Nudeln und das restliche Öl dazugeben, alles erhitzen, mit Pfeffer würzen und etwa 5 Minuten unter gelegentlichem Rühren bei mittlerer Hitze braten.

4 Schinken in Streifen schneiden, zu den Nudeln geben und erhitzen. Raukestreifen unterheben. Die Nudelpfanne mit Pfeffer und Muskat abschmecken.

Tipp: *Anstelle von frischen Pfifferlingen können Sie auch 2 Gläser Pfifferlinge (Abtropfgewicht je 155 g) verwenden. Oder Sie ersetzen die Pfifferlinge durch Champignons.*

Abwandlung: *Mit den Schinkenstreifen zusätzlich 200 g Schmand unterheben oder 125 g Gorgonzola (Blauschimmelkäse) in Würfel schneiden und unterheben, dann vorsichtig mit Salz abschmecken. Gut schmecken auch geröstete Pinienkerne dazu.*

Nudel-Gemüse-Pfanne

Zutaten

250 g Bandnudeln
250 g Möhren
250 g Rettich
1–2 Knoblauchzehen
1 Bund Frühlingszwiebeln (250 g)
1–2 EL geschälte Sesamsamen
2 EL Speiseöl
1–2 EL dunkles Sesamöl
Salz
frisch gemahlener Pfeffer
4–5 EL Sojasauce

Zubereitungszeit:
40 Minuten

Pro Portion:
E: 13 g, F: 16 g, Kh: 51 g, kJ: 1737, kcal: 415

VEGETARISCH

1 Nudeln nach Packungsanleitung in Salzwasser bissfest kochen, in ein Sieb geben, mit kaltem Wasser abschrecken und abtropfen lassen.

2 Möhren putzen, schälen, waschen und auf dem Gemüsehobel in dünne Streifen (Julienne) schneiden. Rettich schälen, längs halbieren und in dünne Scheiben schneiden.

3 Knoblauch abziehen und in Scheiben schneiden. Frühlingszwiebeln putzen, waschen und in Ringe schneiden. Sesamsamen in einem Wok ohne Fett goldbraun rösten, herausnehmen und abkühlen lassen.

4 Speiseöl in dem Wok erhitzen. Die Möhren darin etwa 2 Minuten unter Rühren anbraten. Rettich und Knoblauch hinzufügen und unter Rühren weitere 3–4 Minuten braten. Nudeln mit einer Schere mehrfach durchschneiden, zum Gemüse geben und anbraten.

5 Frühlingszwiebeln, Sesamöl und Sesamsamen dazugeben und kurz mitbraten. Die Nudel-Gemüse-Pfanne mit Salz, Pfeffer und Sojasauce würzen.

Abwandlung: *Sie können die Bandnudeln durch chinesische Eiernudeln ersetzen und zusätzlich 20 g getrocknete Mu-Err-Pilze verwenden. Diese nach Packungsanleitung einweichen, klein schneiden und zusammen mit den Nudeln zum Gemüse geben. Die Nudel-Gemüse-Pfanne schmeckt auch gut, wenn etwa 400 g Putenbruststreifen vor den Möhren angebraten, mit Salz und Pfeffer abgeschmeckt und beiseite gestellt werden. Das Fleisch dann zum Schluss unter das Gemüse rühren und mit Currypulver abschmecken.*

Nudeln mit verschiedenem Fleisch

Zutaten

2 Portionen

150 g chinesische Weizennudeln
1 EL Speiseöl
125 g Rinderfilet
125 g Schweinefleisch

Für die Marinade:
2 EL Speisestärke
3 EL Eiweiß
2 EL Sojaöl

50 g Sichuangemüse (aus der Dose)
100 g Chinakohl
100 g Möhren
500 ml (½ l) Speiseöl
1 Ei
4–5 EL Sojaöl
2 EL Austernsauce
2 EL Sojasauce
2 TL Zucker
½ TL Salz
Pfeffer, 1 TL Sesamöl
2 EL fein gehackte Frühlingszwiebeln

Zubereitungszeit:
55 Minuten

Pro Portion:
E: 52 g, F: 93 g, Kh: 66 g,
kJ: 5735, kcal: 1370

GUT VORZUBEREITEN

1 Weizennudeln nach Packungsanleitung in Wasser weich kochen, abtropfen lassen und mit dem Öl vermischen, damit sie nicht aneinander kleben.

2 Das Fleisch unter fließendem kalten Wasser abspülen, trockentupfen und in Streifen schneiden.

3 Für die Marinade Speisestärke, Eiweiß und Sojaöl vermischen. Das Fleisch darin etwa 10 Minuten einlegen.

4 Sichuangemüse putzen, waschen und in Streifen schneiden. Etwa 30 Minuten in kaltem Wasser einlegen, danach abspülen und abtropfen lassen. Chinakohl und Möhren putzen, waschen und in Streifen schneiden.

5 Den heißen Wok zweimal mit Öl ausschwenken. 500 ml (½ l) Speiseöl darin erhitzen. Das marinierte Fleisch darin kurz frittieren, dabei umrühren, mit einem Schaumlöffel herausnehmen und abtropfen lassen.

6 Das Gemüse ebenfalls in dem Öl kurz frittieren, herausnehmen, abtropfen lassen. Das Öl in ein Vorratsgefäß zurückgießen.

7 Das Ei verschlagen. Den Wok wieder zweimal mit Öl ausschwenken. Sojaöl darin erhitzen. Das verschlagene Ei unter Rühren kurz anbraten, die gekochten Nudeln kurz mitbraten und weiterrühren.

8 Gemüse und Fleisch dazugeben. Austernsauce, Sojasauce, Zucker, Salz und Pfeffer hineinrühren. Etwa 2 Minuten köcheln lassen. Mit Sesamöl abschmecken. Mit gehackten Frühlingszwiebeln garnieren und heiß servieren.

Glasnudeln aus dem Wok

Zutaten

400 g Glasnudeln
40 g Mu-err-Pilze
2 Möhren
½ Stck. Knollensellerie
1 Stange Porree (Lauch)
100 g Chinakohl
1 Bund Frühlingszwiebeln
3 EL Sesamöl
Salz
grob geschroteter Pfeffer
Austernsauce

Zubereitungszeit:
30 Minuten, ohne Einweichzeit

Pro Portion:
E: 3 g, F: 10 g, Kh: 6 g,
kJ: 2011, kcal: 480

VEGETARISCH

1 Glasnudeln nach Packungsaufschrift in heißem Wasser ziehen und abtropfen lassen. Mu-err-Pilze nach Packungsanleitung einweichen, abgießen und evtl. etwas zerkleinern.

2 Möhren und Sellerie putzen, schälen und waschen. Porree putzen, die Stange längs halbieren und waschen. Chinakohl putzen, den Kohl vierteln, den Strunk herausschneiden, waschen und abtropfen lassen. Das Gemüse in feine Streifen schneiden.

3 Frühlingszwiebeln putzen, waschen und in feine Ringe schneiden. Möhren- und Selleriestreifen in Salzwasser 2 Minuten blanchieren. Danach abgießen und abtropfen lassen.

4 Sesamöl im Wok erhitzen. Das Gemüse und die Pilze darin leicht anbraten. Glasnudeln in etwa 10 cm lange Stücke teilen und zu dem Gemüse geben. Das Gericht salzen, pfeffern und mit Austernsauce pikant abschmecken.

Getränketipp: *Reis- oder Pflaumenwein oder Tee.*

Tipp: *Glasnudeln sind weiß und haben eine gummiartige Konsistenz. Sie werden vor der Verwendung eingeweicht, dabei vervierfachen sie ihr Gewicht und werden weich.*

Senfnudeln

Zutaten

- 200 g Penne-Nudeln
- 1 Salatgurke
- 100 g Schalotten
- 1–2 Knoblauchzehen
- 100 g geräucherter, durchwachsener Speck
- 1 Glas Senfgurken (Abtropfgewicht 215 g)
- 1 Bund Brunnenkresse
- 3 EL körniger Senf
- 1–2 EL scharfer Senf
- 100 g Crème fraîche
- etwa 6 EL Gurkenflüssigkeit
- Salz
- frisch gemahlener Pfeffer

Zubereitungszeit:
35 Minuten

Pro Portion:
E: 13 g, F: 27 g, Kh: 41 g, kJ: 1993, kcal: 476

FÜR GÄSTE

1 Nudeln nach Packungsanleitung in reichlich Salzwasser bissfest kochen, in ein Sieb geben, mit kaltem Wasser abschrecken und abtropfen lassen.

2 In der Zwischenzeit Gurke schälen, der Länge nach halbieren, entkernen und quer in Streifen schneiden. Schalotten und Knoblauch abziehen. Schalotten in Spalten, Knoblauch in Scheiben schneiden. Speck würfeln.

3 Einen Wok erhitzen, die Speckwürfel darin ausbraten, sie dann mit einer Schaumkelle herausnehmen und auf Küchenpapier abtropfen lassen.

4 Schalotten und Knoblauch im Speckfett anbraten. Salatgurkenstreifen hinzufügen. Die Hitze reduzieren. Den Deckel auflegen und alles bei mittlerer Hitze etwa 5 Minuten garen.

5 In der Zwischenzeit Senfgurken in einem Sieb abtropfen lassen, dabei die Gurkenflüssigkeit auffangen und etwa 6 Esslöffel abmessen. Kresse verlesen, waschen, abtropfen lassen oder trockenschleudern und in mundgerechte Stücke zupfen. Senfgurken in kleine Stücke schneiden.

6 Nudeln, beide Sorten Senf, Senfgurken, Crème fraîche und abgemessene Gurkenflüssigkeit unter die Gurkenstreifen mischen und erhitzen. Mit Salz und Pfeffer würzen. Brunnenkresse unterheben (etwas zum Garnieren zurücklassen) und kurz erwärmen.

7 Die Senfnudeln auf einer Platte anrichten, mit den Speckwürfeln bestreuen und mit der zurückgelassenen Kresse garnieren.

Tipp: *Sie können die Brunnenkresse durch 3 Kästchen Gartenkresse oder 1 Bund Rauke (Rucola) ersetzen. Die Kresse erst kurz vor dem Anrichten abschneiden und unter die Nudeln mischen.*

Chinesische Eiernudeln mit Hähnchenbrust

Zutaten

300 g Hähnchenbrustfilet
2 EL Speisestärke
1 EL Currypulver
1 EL Sesamöl
2 EL Sojasauce
1 Prise gemahlener Kreuzkümmel (Cumin)
2 Zwiebeln
3 Knoblauchzehen
1 rote Paprikaschote
1 Stange Porree (Lauch)
150 g Champignons
3 EL Sojaöl
Salz
250 ml (¼ l) Hühnerbrühe
300 g chinesische Eiernudeln

Zubereitungszeit:
35 Minuten

Pro Portion:
E: 33 g, F: 15 g, Kh: 60 g, kJ: 2204, kcal: 526

RAFFINIERT

1 Hähnchenbrustfilet unter fließendem kalten Wasser abspülen, trockentupfen und in Würfel schneiden. Speisestärke mit Curry, Sesamöl, Sojasauce und Kreuzkümmel verrühren und die Fleischwürfel untermischen.

2 Zwiebeln und Knoblauch abziehen und fein würfeln. Paprikaschote vierteln, entstielen, entkernen, die weißen Scheidewände entfernen, die Schote waschen und in Streifen schneiden. Porree putzen, gründlich waschen und in Ringe schneiden. Champignons putzen, mit Küchenpapier abreiben, evtl. abspülen, abtropfen lassen und in Scheiben schneiden.

3 Sojaöl in einem Wok erhitzen. Die Fleischwürfel darin unter Rühren anbraten, mit einer Schaumkelle herausnehmen und salzen.

4 Zwiebeln und Knoblauch in dem Bratfett kurz anbraten. Paprika, Porree und Champignons hinzufügen und Hühnerbrühe angießen. Den Deckel auflegen und das Gemüse etwa 5 Minuten bei mittlerer Hitze garen.

5 Eiernudeln nach Packungsanleitung bissfest garen, abgießen und abtropfen lassen.

6 Eiernudeln und Fleischwürfel unter das Gemüse mischen, erhitzen und mit Salz abschmecken.

Abwandlung: *Die Eiernudeln nach dem Abtropfen mit 3 verquirlten Eiern anbraten und getrennt zum Gericht servieren, sie schmecken dann noch herzhafter.*
Sie können das Gericht zusätzlich mit klein geschnittenen Chilischoten bestreuen oder mit etwas Sojasauce beträufeln.

Spinatnudeln

Zutaten

3 Portionen

250 g Spaghetti
40 g Pinienkerne oder abgezogene, gestiftelte Mandeln
1–2 rote Peperoni
2 Zwiebeln
4 EL Olivenöl
1 Pck. (450 g) TK-Blattspinat
Salz
frisch gemahlener Pfeffer
40 g gehobelter Parmesankäse

Zubereitungszeit:
35 Minuten

Pro Portion:
E: 27 g, F: 29 g, Kh: 61 g, kJ: 2714, kcal: 648

VEGETARISCH

1 Spaghetti zweimal durchbrechen und nach Packungsanleitung in reichlich Salzwasser kochen, in ein Sieb geben, mit kaltem Wasser abschrecken und abtropfen lassen.

2 In der Zwischenzeit Pinienkerne oder Mandeln in einem Wok ohne Fett goldbraun rösten, herausnehmen und abkühlen lassen. Peperoni der Länge nach aufschlitzen, entkernen, abspülen, abtropfen lassen und in Ringe schneiden. Zwiebeln abziehen und würfeln.

3 Zwei Esslöffel Öl in dem Wok erhitzen. Zwiebeln darin bei mittlerer Hitze andünsten. Den unaufgetauten Blattspinat dazugeben, den Deckel auflegen und den Spinat etwa 10 Minuten garen. Den Spinat dann offen weitergaren, bis die Flüssigkeit verdampft ist. Spinat herausnehmen.

4 Das restliche Öl in dem Wok erhitzen. Die Nudeln darin anbraten. Peperoni hinzufügen und kurz mit anbraten. Spinat und Pinienkerne unter die Nudeln mischen und erhitzen.

5 Die Spinatnudeln mit Salz und Pfeffer abschmecken und vor dem Servieren mit Parmesan bestreuen.

Tipp: *Die Spinatnudeln reichen für 4 Personen, wenn Sie sie als Beilage zu kurz Gebratenem (Lamm, Schweineschnitzel oder Geflügel) servieren. Es kann auch 1 kg frischer Spinat verwendet werden.*

Abwandlung: *Sie können die Spinatnudeln auch mit Walnusskernen zubereiten. Dann das Olivenöl durch neutrales Öl oder Nussöl ersetzen.*

Nudeln fernöstlich

Zutaten
2–3 Portionen

225 g Mie-Nudeln (chinesische Instant-Nudeln)
150 g Champignons
150 g Zuckerschoten
150 g Möhren
1 rote Paprikaschote
1 Bund Frühlingszwiebeln
200 g Mungobohnenkeimlinge
2 EL Gänseschmalz
1 EL Curry
gemahlener Kreuzkümmel (Cumin)
Salz
1 TL Sambal Oelek
3 EL Sojasauce

Zubereitungszeit:
45 Minuten

Pro Portion:
E: 15 g, F: 9 g, Kh: 69 g,
kJ: 1836, kcal: 438

RAFFINIERT

1 Nudeln in reichlich kochendem Salzwasser nach Packungsanleitung garen, in ein Sieb geben, kalt abschrecken und abtropfen lassen.

2 Champignons putzen, mit Küchenpapier abreiben, evtl. abspülen, abtropfen lassen und in Scheiben schneiden. Zuckerschoten putzen, die Enden abschneiden und die Schoten waschen. Möhren putzen, schälen, waschen und in Streifen schneiden.

3 Paprikaschote halbieren, entstielen, entkernen, die weißen Scheidewände entfernen, die Schote waschen und klein würfeln. Frühlingszwiebeln putzen, waschen und in Ringe schneiden. Mungobohnenkeimlinge verlesen, waschen und abtropfen lassen.

4 Gänseschmalz in einem Wok erhitzen. Die Champignonscheiben darin unter Rühren anbraten. Möhrenstreifen und Paprikawürfel dazugeben und unter Rühren etwa 3 Minuten braten.

5 Mungobohnenkeimlinge, Zuckerschoten und Frühlingszwiebeln hinzufügen und unter Rühren etwa 2 Minuten braten. Mit Curry, Kreuzkümmel und Salz würzen.

6 Nudeln mit Sambal Oelek und Sojasauce mischen, mit dem Gemüse im Wok vermengen, erhitzen und servieren.

Abwandlung: *Sie können die chinesischen Nudeln durch andere Nudeln (z. B. Penne, in Stücke gebrochene Spaghetti oder dünne Bandnudeln) ersetzen. Statt Gänseschmalz kann auch Sesamöl verwendet werden.*
Die Nudeln können auch getrennt dazu gereicht werden, diese dann in 2 Esslöffeln erhitztem Speiseöl anbraten, nach Belieben mit verquirltem Ei verrühren und stocken lassen.

Gnocchi in Basilikumsahne

Zutaten

1 Zwiebel
500 g Champignons
300 g Zucchini
40 g getrocknete Tomaten in Öl (aus dem Glas)
3 EL Speiseöl
Salz
frisch gemahlener Pfeffer
2 Pck. Gnocchi (je 400 g, aus dem Kühlregal)
125 ml (⅛ l) Gemüsebrühe
100 ml Schlagsahne
1 TL heller Saucenbinder
1 Topf Basilikum
1–2 EL Weißwein

Zubereitungszeit:
30 Minuten

Pro Portion:
E: 9 g, F: 18 g, Kh: 31 g, kJ: 1406, kcal: 335

EINFACH

1 Zwiebel abziehen und in Würfel schneiden. Champignons putzen, mit Küchenpapier abreiben, evtl. abspülen, abtropfen lassen und je nach Größe halbieren oder vierteln.

2 Zucchini waschen, abtrocknen, die Enden abschneiden, Zucchini der Länge nach halbieren und in Scheiben schneiden. Tomaten mit Küchenpapier trockentupfen und in Streifen schneiden (am besten mit einer Schere).

3 Zwei Esslöffel Öl in einem Wok erhitzen. Zwiebelwürfel und Champignons darin unter Rühren anbraten, mit Salz und Pfeffer würzen und herausnehmen.

4 Das restliche Öl in dem Wok erhitzen und Zucchini und Tomaten darin anbraten. Gnocchi, die Zwiebel-Champignon-Mischung, Gemüsebrühe und Sahne hinzufügen, zum Kochen bringen und etwa 4 Minuten köcheln lassen. Saucenbinder unter Rühren einstreuen und aufkochen lassen.

5 Basilikum kalt abspülen, trockentupfen, die Blättchen von den Stängeln zupfen und in Streifen schneiden. Gnocchi mit Salz, Pfeffer und Weißwein würzen. Basilikum unterheben und die Sauce mit den Gewürzen abschmecken.

Tipp: *Es kann statt des Speiseöls auch das Öl von den Tomaten verwendet werden, dieses aber nicht zu stark erhitzen, damit die Kräuter nicht verbrennen.*
Die Sauce kann auch mit Speisestärke gebunden werden (dazu 2 Teelöffel Speisestärke mit 2 Teelöffeln kaltem Wasser anrühren).
Wer keine Gnocchi bekommt, kann auch gekochte Bandnudeln verwenden.

Beilage: *Dazu passt z. B. gebratenes Lammfilet.*

Curry-Reis-Pfanne mit Cabanossi

Zutaten

1 Zwiebel
1–2 Knoblauchzehen
4 EL Olivenöl
300 g Risottoreis, z. B. Arborio-Reis
2 gestr. TL Currypulver
200 ml Weißwein
750 ml (¾ l) Gemüsebrühe
200 g Tomaten
200 g Zuckerschoten
400 g Cabanossi (Knoblauchwurst)
Salz
frisch gemahlener Pfeffer

Zubereitungszeit:
45 Minuten

Pro Portion:
E: 29 g, F: 50 g, Kh: 78 g, kJ: 3778, kcal: 901

EINFACH

1 Zwiebel und Knoblauch abziehen und würfeln. Öl in einem Wok erhitzen. Zwiebel- und Knoblauchwürfel darin anbraten. Reis und Currypulver hinzufügen und unter Rühren darin anbraten.

2 Jeweils die Hälfte des Weißweins und der Brühe hinzufügen und garen, bis die Flüssigkeit aufgenommen ist, dabei ab und zu umrühren. Dann die restliche Flüssigkeit hinzufügen und alles noch gut 10 Minuten garen.

3 In der Zwischenzeit Tomaten waschen, abtropfen lassen, kreuzweise einschneiden und kurz in kochendes Wasser legen. Tomaten enthäuten, vierteln, Stängelansätze herausschneiden, Tomaten entkernen und in Spalten schneiden.

4 Zuckerschoten putzen, die Enden abschneiden, Zuckerschoten waschen, abtropfen lassen und je nach Größe evtl. halbieren.

5 Cabanossi schräg in Scheiben schneiden. Tomaten, Zuckerschoten und Cabanossi zum Reis geben und etwa 5 Minuten garen, evtl. noch etwas Brühe hinzufügen.

6 Die Curry-Reis-Pfanne mit Salz und Pfeffer abschmecken.

Tipp: *Anstelle der Zuckerschoten können Sie auch 300 g aufgetaute TK-Erbsen oder TK-Prinzessbohnen verwenden.*

Gebratener Reis mit Garnelen und Ei

Zutaten

1 Glas Sojabohnensprossen (350 g)
300 g Bambussprossen, in Streifen (aus der Dose)
1 kleine Stange Porree (Lauch)
200 g Garnelen (ohne Schale)
4 EL Sesamöl
400 g Langkornreis, gegart
Salz
frisch gemahlener Pfeffer
Sojasauce
Sambal Oelek
1 Bund Schnittlauch
4 Eier

Zubereitungszeit:
30 Minuten

Pro Portion:
E: 29 g, F: 20 g, Kh: 87 g, kJ: 2733, kcal: 652

GUT VORZUBEREITEN

1 Sojabohnensprossen und Bambussprossen auf einem Sieb abtropfen lassen. Porree putzen, waschen und in Ringe schneiden. Von den Garnelen den Darm entfernen, Garnelen unter fließendem kalten Wasser abspülen und trockentupfen.

2 Sesamöl in einem Wok erhitzen. Porreeringe, Sojabohnensprossen und Bambussprossen darin andünsten.

3 Reis und Garnelen hinzufügen und kräftig braten lassen. (Der Reis darf Farbe annehmen). Mit Salz, Pfeffer, Sojasauce und Sambal Oelek würzen.

4 Schnittlauch abspülen, trockentupfen und in Röllchen schneiden. Eier und Schnittlauchröllchen verquirlen, über den gebratenen Reis geben und unter Rühren stocken lassen.

Beilage: *Gebackenes Krabbenbrot (Kroepoek).*

Getränketipp: *Pfefferminztee, asiatischer Pflaumenwein.*

Fünf-Farben-Reis

Zutaten

15 g getrocknete chinesische Pilze, z. B. Mu-err-Pilze
250 g Reis
500 ml (½ l) Salzwasser
100 g TK-Erbsen
Salz
2 Eier
7 EL Speiseöl
100 g Schweinefilet
100 g gekochter Schinken
100 g Shrimps
1 EL helle Sojasauce
1 Zwiebel
frisch gemahlener Pfeffer

Zubereitungszeit:
45 Minuten

Pro Portion:
E: 26 g, F: 33 g, Kh: 58 g, kJ: 2706 kcal: 646

FÜR GÄSTE

1 Pilze nach Packungsaufschrift einweichen. Reis in kochendes Wasser geben und etwa 20 Minuten kochen.

2 Erbsen in wenig Salzwasser etwa 3 Minuten dünsten, abtropfen lassen und warm stellen. Die Eier leicht verquirlen.

3 1 Esslöffel Öl in einem Wok erhitzen, die Eier hineingeben und unter Rühren stocken lassen. Die gestockten Eier warm stellen.

4 Das Schweinefilet unter fließendem kalten Wasser abspülen, trockentupfen und in kleine Würfel schneiden. Schinken in Streifen schneiden. Eingeweichte Pilze abtropfen lassen und klein schneiden.

5 In dem Wok 2 Esslöffel Öl erhitzen und die Pilze darin andünsten. Das Fleisch dazugeben und etwa 5 Minuten braten.

6 Schinken hinzufügen und etwa 2 Minuten braten. Shrimps etwa 1 Minute mitbraten. Alles mit Sojasauce würzen, herausnehmen und warm stellen.

7 Zwiebel abziehen und fein würfeln. Das restliche Öl im Wok erhitzen und die Zwiebelwürfel darin glasig dünsten. Den abgetropften Reis, Erbsen, Rührei, Fleisch, Pilze, Schinken und Shrimps dazugeben, vermischen und mit Salz und Pfeffer abschmecken.

Beilage: *Bunte Blattsalate mit roten Zwiebeln in einer Vinaigrette.*

Asiatische Reispfanne

Zutaten

2 Portionen

250 g Hähnchenbrustfilet
½ rote Paprikaschote
½ grüne Paprikaschote
100 g frische Sojasprossen
100 g Bambussprossen, in Streifen (aus der Dose)
1 Knoblauchzehe
5 EL Speiseöl
2 EL Cashewkerne
Salz
frisch gemahlener Pfeffer
2 EL Austernsauce (Asialaden)
2 EL Ingwersirup
200 g gekochter Langkornreis

Zubereitungszeit:
40 Minuten

Pro Portion:
E: 39 g, F: 36 g, Kh: 50 g,
kJ: 2940, kcal: 703

RAFFINIERT

1 Hähnchenbrustfilet unter fließendem kalten Wasser abspülen, trockentupfen und in Streifen schneiden. Paprikaschoten entkernen, die weißen Scheidewände entfernen, die Schoten waschen und würfeln.

2 Sojasprossen verlesen, waschen und abtropfen lassen. Bambussprossen in einem Sieb abtropfen lassen. Knoblauch abziehen und durch die Knoblauchpresse geben.

3 Zwei Esslöffel Öl in einem Wok erhitzen. Die Fleischstreifen darin anbraten und herausnehmen.

4 Das restliche Öl in dem Wok erhitzen. Paprika, Sojasprossen, Bambussprossen und Cashewkerne darin unter ständigem Rühren 3–4 Minuten braten.

5 Die Hähnchenbruststreifen dazugeben, erhitzen und mit Salz, Pfeffer, Knoblauch, Austernsauce und Ingwersirup pikant abschmecken.

6 Zum Schluss den Reis in den Wok geben, mit den übrigen Zutaten vermischen und erhitzen.

Abwandlung: *Sie können anstelle des Hähnchenbrustfilets auch Schweineschnitzel oder Garnelen verwenden.*

Tipp: *Wenn Sie keinen Ingwersirup bekommen, können Sie ersatzweise dieselbe Menge flüssigen Honig verwenden und diesen mit etwas gemahlenen Ingwer vermischen.*
Für 4 Portionen lässt sich das Rezept gut verdoppeln. Der Reis kann auch separat dazu gereicht werden. Sie können statt Langkornreis auch Basmatireis verwenden.

Gebratener Reis mit Gemüse

Zutaten

- 50 g Bambus (aus der Dose)
- 150 g Möhren
- 150 g Porree (Lauch)
- 2 eingeweichte Blumenpilze
- 150 g rote Paprikaschoten
- 150 g Chinakohl
- 1 Knoblauchzehe
- 50 g frische Sojabohnensprossen
- 7 EL Speiseöl
- 1–2 Eier
- 500 g frisch gekochter Reis
- 3 EL Sojasauce
- 1 TL Salz
- 1 ½ EL Zucker
- ½ TL frisch gemahlener Pfeffer
- evtl. 1 TL Glutamat

Zubereitungszeit:
35 Minuten

Pro Portion:
E: 12 g, F: 26 g, Kh: 47 g,
kJ: 2045, kcal: 488

FÜR GÄSTE

1 Bambus auf einem Sieb abtropfen lassen und in dünne Streifen schneiden. Möhren putzen, schälen, waschen und in Streifen schneiden. Porree putzen, halbieren, waschen und in Scheiben schneiden. Blumenpilze abspülen, abtropfen lassen und in dünne Streifen schneiden.

2 Paprika halbieren, entstielen, entkernen, die weißen Scheidewände entfernen, die Schoten waschen und in Streifen schneiden. Chinakohl in Streifen schneiden, waschen und abtropfen lassen. Knoblauch abziehen und fein hacken. Sojabohnensprossen verlesen, kalt abspülen und abtropfen lassen.

3 Einen heißen Wok zweimal mit Speiseöl ausschwenken, Speiseöl darin erhitzen und Knoblauch darin anbraten.

4 Eier verschlagen, mit Reis in kurzen Abständen dazugeben und etwa 1 Minute braten. Das vorbereitete Gemüse und die Sojabohnensprossen hinzufügen und etwa 3 Minuten weiterbraten.

5 Mit Sojasauce, Salz, Zucker, Pfeffer und nach Belieben Glutamat würzen, etwa 1 Minute unter Rühren braten und heiß servieren.

Tipp: *Den gebratenen Reis zu gedämpftem Lachsfilet mit Reiswein servieren.*

Rosa Reis

Zutaten
- 300 g Langkornreis
- 1–2 EL Senfkörner
- 300 g rote Zwiebeln
- 1 Dose rote Bohnen (Abtropfgewicht 250 g)
- 2 Gläser Rote Bete in Scheiben (Abtropfgewicht je 220 g)
- 1 Salatgurke
- 3 EL Speiseöl
- einige Stängel Zitronenmelisse
- Salz
- frisch gemahlener Pfeffer

Zubereitungszeit:
35 Minuten

Pro Portion:
E: 18 g, F: 9 g, Kh: 90 g,
kJ: 2164, kcal: 515

RAFFINIERT

1 Reis nach Packungsanleitung in Salzwasser knapp gar kochen, in ein Sieb geben und abtropfen lassen.

2 In der Zwischenzeit Senfkörner in einem Wok ohne Fett rösten, bis die Körner zu springen beginnen. Die Körner in einen Mörser geben und zerstoßen.

3 Zwiebeln abziehen, halbieren und in Streifen schneiden. Bohnen in ein Sieb geben, kalt abspülen und abtropfen lassen. Rote Bete in einem Sieb abtropfen lassen. Gurke waschen, schälen, der Länge nach halbieren, mit einem Löffel die Kerne entfernen und die Gurke würfeln.

4 Öl in dem Wok erhitzen. Zwiebelstreifen, Gurkenwürfel und Reis darin anbraten. Dann die Hitze reduzieren, den Deckel auflegen und alles bei mittlerer Hitze etwa 8 Minuten garen.

5 Rote Bete in Streifen schneiden. Zitronenmelisse kalt abspülen, trockentupfen und die Blättchen von den Stängeln zupfen. Bohnen und Rote Bete zum Gurken-Reis geben und erhitzen.

6 Den rosa Reis mit Salz, Pfeffer und den zerstoßenen Senfkörnern würzen. Zitronenmelisseblätter unterheben oder den rosa Reis damit garnieren.

Tipp: *Den rosa Reis zu gebratenem Lammrücken servieren. Der Reis kann auch zur Hälfte in Rote-Bete-Saft gekocht werden, dann schmeckt er noch intensiver. Sollen die Gurken noch bissfest bleiben, die Gurken erst mit der Roten Bete zum Reis geben. Zusätzlich noch geröstete Erdnusskerne auf das Gericht streuen.*

Duftreis mit Lamm-Gemüse-Topf

Zutaten

200 g getrocknete Aprikosen
250 ml (¼ l) kochende Gemüsebrühe
750 g Tomaten
2 Knoblauchzehen
1 Stück Ingwerwurzel (etwa 1 ½ cm)
2 getrocknete, rote Chilischoten
500 g Lammrückenfilet (ausgelöster Lammrücken ohne Knochen)
2 EL Speiseöl
300 g Basmatireis
1 Dose (400 ml) Kokosmilch
250 ml (¼ l) Wasser
2 Sternanis
1 Stück (10 cm) Zimtrinde
Salz
50 g Cashewkerne
½ TL scharfes Currypulver
½ TL Schwarzkümmel
20 g Butterschmalz
frisch gemahlener Pfeffer
½–1 TL gemahlener Kreuzkümmel (Cumin)

Zubereitungszeit:
60 Minuten

Pro Portion:
E: 39 g, F: 21 g, Kh: 105 g, kJ: 3283, kcal: 786

RAFFINIERT

1 Aprikosen mit kochender Gemüsebrühe übergießen und etwa 15 Minuten darin quellen lassen.

2 In der Zwischenzeit Tomaten waschen, abtropfen lassen, kreuzweise einschneiden und kurz in kochendes Wasser legen. Tomaten enthäuten, halbieren, die Stängelansätze entfernen und Tomaten in Stücke schneiden.

3 Knoblauch abziehen und in Scheiben schneiden. Ingwer schälen und hacken. Chilischoten hacken. Lammfilet unter fließendem kalten Wasser abspülen, trockentupfen und in 3 cm große Würfel schneiden.

4 Einen Esslöffel Öl in einem Topf erhitzen. Den Reis darin glasig dünsten. Ingwer und Chilischoten dazugeben. Kokosmilch mit Wasser, Sternanis, Zimtrinde und Salz hinzufügen und alles etwa 20 Minuten garen.

5 Das restliche Öl in einem Wok erhitzen. Cashewkerne unter Rühren darin bräunen, mit Curry und Schwarzkümmel bestreuen und herausnehmen.

6 Butterschmalz im Wok erhitzen. Das Fleisch darin von allen Seiten unter Rühren in etwa 5 Minuten braun braten, mit Salz und Pfeffer würzen und herausnehmen.

7 Tomaten und eingeweichte Aprikosen mit der Brühe in den Wok geben, unter Rühren den Bratensatz loskochen, mit Salz und Kreuzkümmel würzen und etwa 5 Minuten kochen lassen.

8 Das Fleisch hinzufügen, aufkochen, etwa 5 Minuten ziehen lassen und mit Salz und Pfeffer abschmecken. Den Reis mit Salz abschmecken, mit Cashewkernen bestreuen und zu dem Lamm-Gemüse-Topf servieren.

Kräuterreis mit Hackbällchen

Zutaten

250 g Vollkornreis
500 g Kohlrabi
500 g Möhren
500 g Thüringer Mett (gewürztes Schweinegehacktes)
5 EL Speiseöl
1 Pck. (25 g) TK-8-Kräuter-Mischung
Salz
frisch gemahlener Pfeffer

Zubereitungszeit:
35 Minuten

Pro Portion:
E: 29 g, F: 47 g, Kh: 59 g, kJ: 3236, kcal: 773

FÜR KINDER

1 Vollkornreis in Salzwasser nach Packungsanleitung garen, in ein Sieb geben und abtropfen lassen.

2 In der Zwischenzeit Kohlrabi und Möhren putzen, schälen, waschen und in Stifte schneiden. Aus dem Thüringer Mett mit nassen Händen kleine Bällchen formen.

3 Öl in einem Wok erhitzen. Die Hackbällchen portionsweise darin rundherum anbraten und aus dem Wok nehmen.

4 Gemüsestreifen in dem verbliebenen Fett unter Rühren 3–4 Minuten braten. Hackbällchen dazugeben und alles bei mittlerer Hitze unter gelegentlichem Wenden etwa 3 Minuten braten.

5 Reis und Kräuter dazugeben und alles noch 5 Minuten braten, dabei gelegentlich vorsichtig umrühren. Vor dem Servieren mit Salz und Pfeffer würzen.

Tipp: *Noch schneller geht´s, wenn Sie anstelle der selbst gemachten Mettbällchen 1 Paket gegarte Truthahn-Hackfleischbällchen (Einwaage 300 g, aus der Kühltheke) verwenden. Diese müssen nicht extra angebraten werden, sondern können zu dem angebratenen Gemüse in den Wok gegeben werden.*

Abwandlung: *Statt Kohlrabi und Möhren kann auch 1 kg TK-Gemüse, z. B. Möhren, Broccoli, Erbsen oder Brechbohnen, verwendet werden. Das Gemüse unaufgetaut andünsten, dann mit geschlossenem Deckel etwa 10 Minuten garen. Nach Belieben zum Schluss noch 150–200 g Crème fraîche oder Schmand unterrühren.*

Saurer Reis

Zutaten

2–3 Portionen

1 rote Paprikaschote
500 g Spitzkohl
1 Glas eingelegter Kürbis (Abtropfgewicht 200 g)
2 Knoblauchzehen
20 g Ingwerwurzel
3 EL Speiseöl
200 g Langkornreis
400 ml Gemüsebrühe
Salz
frisch gemahlener Pfeffer
40 g brauner Zucker
2–3 EL Balsamessig
Sambal Oelek

Zubereitungszeit:
40 Minuten

Pro Portion:
E: 10 g, F: 11 g, Kh: 83 g, kJ: 1901, kcal: 453

DAUERT LÄNGER

1 Paprikaschote vierteln, entstielen, entkernen, die weißen Scheidewände entfernen, die Schote waschen und in feine Streifen schneiden. Vom Spitzkohl die äußeren Blätter entfernen, Kohl vierteln, den Strunk herausschneiden und die Viertel in Streifen schneiden.

2 Kürbis in einem Sieb abtropfen lassen, dabei die Flüssigkeit auffangen (die gesamte Flüssigkeit wird benötigt). Kürbisstücke evtl. klein schneiden. Knoblauch abziehen und Ingwer schälen.

3 Öl in einem Wok erhitzen. Reis und Paprika hineingeben, Knoblauch und Ingwer durch die Knoblauchpresse drücken, hinzufügen und alles andünsten.

4 Gemüsebrühe und 2 Esslöffel Kürbisflüssigkeit dazugeben und zum Kochen bringen. Kohlstreifen unterheben. Den Deckel auflegen und alles 12–15 Minuten garen, dabei ab und zu umrühren.

5 Kürbis hinzufügen und erhitzen. Mit Salz und Pfeffer würzen, auf einer Platte anrichten und warm stellen.

6 Zucker im Wok schmelzen, mit der restlichen Kürbisflüssigkeit und Balsamessig ablöschen, aufkochen lassen und mit Sambal Oelek würzen. Die Essigmischung über den Reis träufeln.

Tipp: *Zusätzlich 70 g geröstete, gesalzene Erdnusskerne hacken und über den Reis streuen. Anstelle des frischen Ingwers können Sie ersatzweise 1–2 Teelöffel gemahlenen Ingwer verwenden.*

Reis-Fenchel-Pfanne mit Putenbrust

Zutaten

200 g Langkornreis
400 g Fenchelknollen
200 g Austernpilze
4 EL Speiseöl
250 ml (¼ l) Weißwein
12 Cocktailtomaten
400 g geräucherte Putenbrust, im Stück
Salz
frisch gemahlener Pfeffer

Für die Sauce:
150 g Crème fraîche
1 EL eingelegte grüne Pfefferkörner (aus dem Glas)
1–2 EL heller Saucenbinder
1 Prise Zucker

1 EL gehackte Petersilie
Zitronenmelisseblättchen

Zubereitungszeit:
40 Minuten

Pro Portion:
E: 31 g, F: 24 g, Kh: 55 g,
kJ: 2546, kcal: 608

DAUERT LÄNGER

1 Reis in Salzwasser nach Packungsanleitung etwa 20 Minuten kochen, in ein Sieb geben und abtropfen lassen.

2 Von den Fenchelknollen die Stiele dicht oberhalb der Knollen abschneiden, braune Stellen und Blätter entfernen (etwas Fenchelgrün beiseite legen), die Wurzelenden gerade schneiden, die Knollen waschen, halbieren und in Spalten schneiden. Austernpilze putzen, mit Küchenpapier abreiben, evtl. abspülen, abtropfen lassen und grob zerkleinern.

3 Zwei Esslöffel Öl in einem Wok erhitzen. Die Fenchelspalten darin unter Rühren anbraten und herausnehmen. Das restliche Öl erhitzen und die Austernpilze darin anbraten. Fenchelspalten und die Hälfte des Weißweins dazugeben. Den Deckel auflegen und das Gemüse etwa 5 Minuten bei mittlerer Hitze garen.

4 In der Zwischenzeit Cocktailtomaten waschen, trockentupfen und halbieren oder vierteln. Putenbrust in Würfel schneiden. Zurückgelassenes Fenchelgrün hacken.

5 Reis, Putenbrust und Cocktailtomaten zum Gemüse in den Wok geben und unterrühren. Alles aufkochen lassen, mit Salz und Pfeffer würzen, auf einer Platte anrichten und warm stellen.

6 Für die Sauce Crème fraîche, restlichen Weißwein und Pfefferkörner in den Wok geben und zum Kochen bringen. Saucenbinder unter Rühren einstreuen und alles nochmals aufkochen lassen.

7 Die Sauce mit Salz und Zucker abschmecken und über das angerichtete Reisgemüse geben. Mit Fenchelgrün und Petersilie bestreuen und mit Zitronenmelisse garnieren.

Tomatenreis mit Auberginen

Zutaten

2–3 Portionen

1 Aubergine
1 EL Salz
1 Zwiebel
2 Knoblauchzehen
1 Stange Porree (Lauch)
4–5 Tomaten
6 EL Olivenöl
2 EL Tomatenmark
400 g gekochter Langkornreis
Salz
frisch gemahlener Pfeffer
½ Bund glatte Petersilie

Zubereitungszeit:
30 Minuten,
ohne Durchziehzeit

Pro Portion:
E: 7 g, F: 21 g, Kh: 46 g,
kJ: 1751, kcal: 418

VEGETARISCH

1 Aubergine waschen, abtrocknen, die Enden abschneiden, Aubergine in Würfel schneiden, mit Salz bestreuen und mindestens 10–15 Minuten Saft ziehen lassen.

2 In der Zwischenzeit Zwiebel und Knoblauch abziehen und in feine Würfel schneiden. Porree putzen, die Stange längs halbieren, gründlich waschen und erst in breite Stücke, dann längs in dünne Streifen schneiden.

3 Tomaten waschen, abtropfen lassen, kreuzweise einschneiden und kurz in kochendes Wasser legen. Tomaten enthäuten, Stängelansätze entfernen, Tomaten vierteln, entkernen und in feine Würfel schneiden.

4 Auberginenwürfel in ein Sieb geben, unter fließendem kalten Wasser abspülen, abtropfen lassen und mit Küchenpapier trockentupfen.

5 Öl in einem Wok erhitzen. Zwiebeln, Knoblauch und Auberginenwürfel darin anbraten. Porreestreifen dazugeben und das Gemüse unter Rühren etwa 5 Minuten bei mittlerer Hitze braten.

6 Tomatenmark unterrühren. Tomatenwürfel und Reis unterheben. Mit Salz und Pfeffer kräftig würzen und 4–5 Minuten erhitzen.

7 Petersilie kalt abspülen, trockentupfen, die Blättchen von den Stängeln zupfen, fein hacken und unter den Tomatenreis mischen.

Tipp: *Den Tomatenreis nach Belieben zusätzlich mit etwas frischem Thymian oder Basilikum würzen.*

Fadennudel-Suppe

Zutaten

300 g Möhren
1 Kohlrabi
1,5 l Gemüsebrühe
1 Pck. (50 g) TK-Suppengrün
100 g Fadennudeln
200 g gekochter Schinken, in dicken Scheiben
1 Bund Schnittlauch
Salz
frisch gemahlener Pfeffer
geriebene Muskatnuss

Zubereitungszeit:
20 Minuten

Pro Portion:
E: 15 g, F: 7 g, Kh: 44 g,
kJ: 1176, kcal: 279

FÜR KINDER

1 Möhren putzen, schälen und waschen. Kohlrabi schälen und waschen. Beide Zutaten auf der groben Seite der Haushaltsreibe raspeln.

2 Gemüsebrühe in einem Wok aufkochen lassen. Unaufgetautes Suppengrün, Fadennudeln und Gemüseraspel hinzufügen, zum Kochen bringen und etwa 5 Minuten kochen lassen.

3 In der Zwischenzeit Schinken in kurze Streifen schneiden. Schnittlauch kalt abspülen, trockentupfen und in Röllchen schneiden.

4 Schinken in der Suppe erhitzen. Die Suppe mit Salz, Pfeffer und Muskat abschmecken und mit Schnittlauchröllchen bestreut servieren.

Tipp: *Zusätzlich 100 g in dünne Streifen geschnittene Zuckerschoten hinzufügen. Diese zusammen mit den Gemüseraspeln in die Brühe geben.*

Suppe mit Eierblumen

Zutaten

(Foto)
3 Tomaten
50 g Zuckerschoten
3 Eier
1 l Gemüsebrühe
1 ½ TL Salz, Pfeffer
1 TL Sesamöl

Zubereitungszeit:
25 Minuten

Pro Portion:
E: 14 g, F: 13 g, Kh: 5 g,
kJ: 847, kcal: 203

1 Tomaten enthäuten, Stängelansätze herausschneiden, Tomaten in Scheiben schneiden. Zuckerschoten putzen, die Enden entfernen und die Schoten waschen. Eier verschlagen.

2 Gemüsebrühe in einem Wok zum Kochen bringen, das Tomatenfleisch hineingeben und etwa 5 Minuten kochen lassen. Salz, Pfeffer und Sesamöl dazugeben, kurz aufkochen lassen, dann den Wok von der Kochstelle nehmen.

3 Die verschlagenen Eier langsam in die Suppe einlaufen lassen und warten, bis die Eierblumen nach oben steigen. Dann die Zuckerschoten hineingeben und die Suppe mit geschlossenem Deckel etwa 1 Minute ziehen lassen.

Peking Suppe

Zutaten

80 g Hähnchenbrustfilet
50 g Bambus (aus der Dose)
2 Möhren
30 g Morcheln, 50 g Tofu
750 ml (¾ l) Hühnerbrühe
1 ½ TL Essig-Essenz (25 %)
1 TL Sambal Oelek
1 EL süße Sojasauce
6 TL Sojasauce
2 TL Salz, 2 EL Zucker
3 EL Kartoffelstärke
2 Eier
1 EL Sesamöl

Zubereitungszeit:
30 Minuten

Pro Portion:
E: 19 g, F: 11 g, Kh: 20 g,
kJ: 1150, kcal: 275

1 Hähnchenbrustfilet kalt abspülen, trockentupfen und in Streifen schneiden. Bambus auf einem Sieb abtropfen lassen und in kleine Stücke schneiden.

2 Möhren putzen, schälen waschen und in feine Stifte schneiden. Morcheln putzen und klein schneiden. Tofu in kleine Stücke schneiden.

3 Hühnerbrühe in einem Wok zum Kochen bringen, Hähnchenfleisch, Gemüse, Pilze und Tofu dazugeben. Suppe aufkochen und mit Essig-Essenz, Sambal Oelek, beide Sorten Sojasauce, Salz und Zucker abschmecken.

4 Kartoffelstärke mit 6 Esslöffeln Wasser verrühren, nach nochmaligem Aufkochen hinzufügen und durchrühren. Eier verschlagen und in die noch kochende Brühe einrühren. Die Suppe mit Sesamöl heiß servieren.

Fischsuppe

Zutaten

2 kleine Fenchelknollen (je 150 g)
200 g Porree (Lauch)
2 Gläser Fischfond (je 400 ml)
50 g rote Linsen
2 Lorbeerblätter
150 g Cocktailtomaten
250 g Lachsfilet
1 Bund Dill
Salz
frisch gemahlener Pfeffer
1–2 EL Zitronensaft

Zubereitungszeit:
30 Minuten

Pro Portion:
E: 22 g, F: 1 g, Kh: 12 g,
kJ: 976, kcal: 233

FÜR GÄSTE

1 Von den Fenchelknollen die Stiele dicht oberhalb der Knollen abschneiden, braune Stellen und Blätter entfernen (etwas Fenchelgrün beiseite legen), die Wurzelenden gerade schneiden, die Knollen waschen, vierteln und die Viertel quer in Streifen schneiden.

2 Porree putzen, längs halbieren, gründlich waschen, abtropfen lassen und in Streifen schneiden.

3 Den Fischfond in einem Wok zum Kochen bringen. Linsen einstreuen und aufkochen lassen. Lorbeerblätter, Porree- und Fenchelstreifen hinzufügen und bei mittlerer Hitze etwa 10 Minuten garen.

4 Cocktailtomaten waschen, trockentupfen und halbieren. Lachsfilet unter fließendem kalten Wasser abspülen, trockentupfen und in Würfel schneiden. Dill und zurückgelassenes Fenchelgrün kalt abspülen, trockentupfen und hacken.

5 Cocktailtomaten, Dill, Fenchelgrün (etwas Grün zum Garnieren zurücklassen) und Lachs in die Suppe geben, kurz aufkochen lassen und in etwa 4 Minuten gar ziehen lassen.

6 Die Suppe mit Salz, Pfeffer und Zitronensaft würzen, mit dem zurückgelassenen Fenchelgrün bestreuen.

Tipp: *Sie können auch TK-Lachsfilet verwenden, dieses dann etwa 1 Stunde vor der Zubereitung antauen lassen.*

Polenta-Kräuter-Suppe

Zutaten

2 Bund Suppengemüse
200 g durchwachsener Speck
70 g Polentagrieß (Maisgrieß)
1 TL getrockneter Thymian
½ TL getrockneter Majoran
1 TL gemahlene Kurkuma (Gelbwurz)
1,5 l Gemüsebrühe
1 Bund Petersilie
Salz
frisch gemahlener Pfeffer

Zubereitungszeit:
35 Minuten

Pro Portion:
E: 9 g, F: 33 g, Kh: 42 g, kJ: 1984, kcal: 472

RAFFINIERT

1 Suppengemüse putzen, waschen und in kleine Würfel oder Scheiben schneiden. Speck fein würfeln.

2 Einen Wok erhitzen. Die Speckwürfel darin ausbraten, mit einer Schaumkelle herausnehmen und auf Küchenpapier abtropfen lassen.

3 Polentagrieß, Thymian, Majoran, Kurkuma und das vorbereitete Suppengrün im Speckfett anrösten.

4 Gemüsebrühe dazugießen und zum Kochen bringen. Die Hitze reduzieren, den Deckel auflegen und Gemüse und Polenta etwa 12 Minuten in der Brühe garen.

5 In der Zwischenzeit Petersilie abspülen, trockentupfen, die Blättchen von den Stängeln zupfen und hacken. Suppe nochmals aufkochen lassen und Speckwürfel hineingeben. Die Suppe mit Salz und Pfeffer würzen und mit Petersilie bestreut servieren.

Tipp: *Sie können die Suppe auch mit Hartweizengrieß zubereiten. Für eine vegetarische Variante der Suppe können Sie den Speck weglassen, stattdessen 2 Esslöffel Olivenöl in dem Wok erhitzen und die Zutaten darin andünsten, dann 1 Esslöffel Butter hinzufügen.*
Es können zum Schluss auch 2 Päckchen (je 25 g) gemischte TK-Kräuter in die Suppe gegeben werden. Die Suppe dann nicht mehr kochen lassen, damit die Kräuter nicht braun werden.

Indische Hühnersuppe

Zutaten

2 Zwiebeln
1 kleine Stange Porree (Lauch)
3 EL Speiseöl
2 EL Weizenmehl
750 ml (¾ l) Hühnerbrühe
1 kleiner Apfel
75 g Langkornreis
1 EL Currypulver
300 g gekochtes Hühnerfleisch
2–3 EL Schlagsahne
Salz
frisch gemahlener Pfeffer
Zitronensaft

Zubereitungszeit:
35 Minuten

Pro Portion:
E: 23 g, F: 22 g, Kh: 23 g,
kJ: 1634, kcal: 390

RAFFINIERT

1 Zwiebeln abziehen und fein würfeln. Porree putzen, die Stange längs halbieren, gründlich waschen und in Streifen schneiden.

2 Öl in einem Wok erhitzen. Zwiebelwürfel darin anbraten. Porreestreifen dazugeben und unter Rühren etwa 2 Minuten dünsten. Mehl darüber stäuben und andünsten. Hühnerbrühe nach und nach hinzugießen und alles gut verrühren, damit sich keine Klümpchen bilden.

3 Apfel schälen und bis zum Kerngehäuse raspeln. Reis, Apfelraspel und Currypulver in die Brühe geben und die Suppe etwa 20 Minuten bei milder Hitze köcheln lassen.

4 Hühnerfleisch enthäuten, in Würfel schneiden, in die Suppe geben und erhitzen. Sahne unterrühren. Die Suppe mit Salz, Pfeffer und Zitronensaft abschmecken.

Tipp: *Das Currypulver bestimmt die Schärfe der Suppe. Es gibt Madras Curry scharf und mild. Currypulver ohne genauere Beschreibung liegt in der Schärfe dazwischen.*
Wenn kein gegartes Hühnerfleisch vorhanden ist, können Sie ersatzweise 300 g Hähnchenbrustfilet unter fließendem kalten Wasser abspülen, trockentupfen, in Würfel schneiden, etwa 10 Minuten vor Beendigung der Garzeit in die Suppe geben und garen.

Spinatsuppe

Zutaten

6 Portionen

4 Scheiben Toastbrot
20 g Butter
1 Pck. (450 g) gehackter TK-Spinat
1 l Gemüsebrühe
6 Eier
1–2 EL Speisestärke
300 ml Milch
200 ml Schlagsahne
Salz
frisch gemahlener Pfeffer
geriebene Muskatnuss

Zubereitungszeit:
30 Minuten

Pro Portion:
E: 15 g, F: 24 g, Kh: 13 g,
kJ: 1427, kcal: 341

VEGETARISCH

1 Toastbrot entrinden und in Würfel schneiden. Butter in einem Wok zerlassen. Die Toastbrotwürfel darin unter Rühren bei mittlerer Hitze goldbraun rösten und herausnehmen.

2 Den unaufgetauten Spinat mit der Brühe in den Wok geben. Den Deckel auflegen und den Spinat bei mittlerer Hitze auftauen lassen.

3 In der Zwischenzeit Eier etwa 8 Minuten kochen, kalt abschrecken und pellen.

4 Speisestärke mit etwas von der Milch glatt rühren, zu der restlichen Milch geben und in die Spinat-Brühe-Mischung rühren. Sahne ebenfalls hinzufügen und die Suppe unter Rühren etwa 2 Minuten ohne Deckel kochen lassen.

5 Die Suppe mit Salz, Pfeffer und Muskatnuss würzen. Eier in Stücke schneiden und mit den Brotwürfeln zu der Suppe servieren.

Tipp: *Es kann auch 600 g frischer Blattspinat verwendet werden. Diesen gut waschen, tropfnass in den Wok geben und mit aufgelegtem Deckel etwa 6 Minuten dünsten lassen, bis er zusammengefallen ist. Dann die Brühe hinzufügen.*
Sie können zusätzlich noch einige Tomatenstückchen, gekochten Reis oder geröstete Pinienkerne in die Suppe geben.

Hähnchenklößchensuppe

Zutaten

500 g Hähnchenschenkel (ohne Haut und Knochen)
500 g Schweinegehacktes
1 TL Salz
1 EL Zucker
1 Ei
3 EL fein gehackter Ingwer
2 EL Speiseöl
½ TL Pfeffer
½ TL Backpulver
1 ½ l Salzwasser
1 ½ l Hühnerbrühe
1 ½ TL Salz
4 EL Reiswein
10 g fein geschnittene Frühlingszwiebeln
3 EL Sesamöl

Zubereitungszeit:
50 Minuten

Pro Portion:
E: 66 g, F: 61 g, Kh: 8 g,
kJ: 3838, kcal: 918

GUT VORZUBEREITEN

1 Hähnchenschenkel unter fließendem kalten Wasser abspülen, trockentupfen, klein schneiden und in den Mixer geben. Schweinegehacktes dazugeben und pürieren.

2 Salz, Zucker, Ei, Ingwer, Speiseöl, Pfeffer und Backpulver hinzufügen und durchmischen. Aus der Fleischmasse kleine Klöße formen.

3 Das Salzwasser in einem Wok zum Kochen bringen. Die Fleischklöße in das Wasser geben und 3–5 Minuten ziehen lassen. Die Klöße dann mit einem Sieb herausnehmen, das Wasser wegschütten.

4 Hühnerbrühe in einen Wok geben und zum Kochen bringen. Salz und Reiswein hinzufügen und nochmals aufkochen lassen. Frühlingszwiebeln und Sesamöl hinzufügen, die Klöße hineingeben und heiß servieren.

Tipp: *Hähnchenfleisch schmeckt auch lecker in einer **Gurkensuppe.** Dazu 700 g Salatgurken putzen, waschen, halbieren, entkernen und in mundgerechte Stücke schneiden. 50 g gekochten Schinken in Scheiben schneiden. 5 eingeweichte Blumenpilze abspülen, entstielen und halbieren. 2 Jakobsmuscheln kalt abspülen, trockentupfen und in Scheiben schneiden. 2 Hähnchenschenkel (je 250 g) kalt abspülen, trockentupfen, das Fleisch von den Knochen lösen und in mundgerechte Stücke schneiden. Die Fleischstücke mit 2 Esslöffeln Kartoffelstärke, 1 Esslöffel Sojasauce und 2 Esslöffel Speiseöl vermengen. 1 ½ l Hühnerbrühe in einem Wok zum Kochen bringen. Schinken und 1 Teelöffel fein gehackten Ingwer hineingeben. Nach etwa 2 Minuten Gurken und Pilze hinzugeben und etwa 10 Minuten kochen lassen. Das Hähnchenfleisch in die Suppe geben und etwa 5 Minuten kochen. Dann Jakobsmuscheln, 6 Esslöffel Reiswein, 2 Teelöffel Salz, 2 Prisen weißen Pfeffer und 20 g fein gehackte Frühlingszwiebeln hinzugeben und aufkochen lassen.*

Wantan-Suppe

1 Für die Füllung Hähnchenfilet oder Hähnchenschenkel unter fließendem kalten Wasser abspülen, trockentupfen, klein schneiden und im Mixer zerkleinern.

2 Fleisch mit Ei, zerkleinerten Wasserkastanien, Möhren, Frühlingszwiebeln, Salz, Pfeffer, Sesamöl, Weizenmehl und Ingwer gut vermischen.

3 Spinat- oder Chinakohlblättchen putzen, waschen, abtropfen lassen und in Streifen schneiden. Champignons putzen, mit Küchenpapier abreiben, evtl. abspülen und in Scheiben schneiden.

4 Die Wantan-Teighüllen ausbreiten, einen Teelöffel der Fleischfüllung in die Mitte geben, anschließend die sich gegenüberliegenden Ecken aufeinander und fest um die Füllung herum zudrücken, so daß die Füllung ganz vom Teig umschlossen ist.

5 Das Wasser in einem Wok zum Kochen bringen, die Wantans hineingeben und etwa 5 Minuten kochen lassen. Die Wantans dann in Schalen legen und die Spinat- oder Chinakohlstreifen darüber streuen.

6 Hühnerbrühe mit den Champignonscheiben zum Kochen bringen und mit Pfeffer, Zucker und Salz abschmecken. Die Hühnerbrühe über die Wantans in die Schalen gießen und mit etwas Sesamöl abrunden.

Tipp: *Für eine größere Portionenzahl können die Zutatenmengen vervielfacht werden.*

Zutaten

2 Portionen

Für die Füllung:
100 g Hähnchenfilet oder Hähnchenschenkel (ohne Knochen)
½ Ei
10 g Wasserkastanien (aus der Dose)
10 g fein geschnittene Möhren
10 g sehr fein gehackte Frühlingszwiebeln
2 Prisen Salz
2 Prisen Pfeffer
1 TL Sesamöl
1 EL Weizenmehl
½ TL fein gehackter Ingwer
2 Blättchen Spinat oder Chinakohl
2–3 Champignons
10 Stück Wantan-Teighüllen
1 l Wasser
500 ml (½ l) Hühnerbrühe
½ TL Pfeffer
2 TL Zucker
1 ½ TL Salz
etwa 1 TL Sesamöl

Zubereitungszeit:
50 Minuten

Pro Portion:
E: 32 g, F: 17 g, Kh: 43 g, kJ: 1980, kcal: 474

KLASSISCH

Glasnudelsuppe mit Porree

Zutaten

2 Stangen Porree
(Lauch, etwa 300 g)
150 g Glasnudeln
2 EL Butter
750 ml (¾ l) Gemüsebrühe
½ Bund Zitronenmelisse
3 EL Sojasauce
Saft von ½ Zitrone
Salz
frisch gemahlener, weißer Pfeffer
Cayennepfeffer

Zubereitungszeit:
30 Minuten, ohne Quellzeit

Pro Portion:
E: 2 g, F: 5 g, Kh: 14 g,
kJ: 935, kcal: 222

EINFACH

1 Porree putzen, die Stangen längs halbieren, gründlich waschen und in feine Streifen schneiden.

2 Glasnudeln in einer Schüssel mit kochendem Wasser übergießen, 1–2 Minuten ziehen lassen, abtropfen lassen und mit einer Küchenschere zerschneiden.

3 Butter in einem Wok erhitzen. Porreestreifen darin andünsten. Mit Gemüsebrühe auffüllen. Den Deckel auflegen und den Porree etwa 5 Minuten bei mittlerer Hitze garen.

4 In der Zwischenzeit Zitronenmelisse kalt abspülen, trockentupfen, die Blättchen von den Stängeln zupfen, einige zum Garnieren beiseite legen und den Rest hacken.

5 Glasnudeln, Sojasauce und Zitronensaft zu dem Porree in den Wok geben und aufkochen lassen. Mit Salz, Pfeffer und Cayennepfeffer abschmecken.

6 Kurz vor dem Servieren gehackte Zitronenmelisse unterheben. Die Suppe mit den zurückgelassenen Zitronenmelisseblättchen garnieren.

Tipp: *Zusätzlich 200 g Sojasprossen (frisch oder aus dem Glas) in die Suppe geben.*
Wer es mag, kann kleine Mett- oder Geflügelklößchen oder Streifen von gekochtem Schinken in die Suppe geben. Gut schmecken auch Grießklößchen oder Eierstich dazu.

Beigabe: *Getoastetes Weißbrot.*

Suppe mit Seetang und Schweinenacken

Zutaten

2 Blätter getrockneter, junger Seetang
400 g Schweinenacken (ohne Knochen)
1 ½ l Fleischbrühe
10 g Ingwer
125 ml (⅛ l) Reiswein
125 ml (⅛ l) Kokosmilch
1 TL Salz

Zubereitungszeit:
75 Minuten

Pro Portion:
E: 30 g, F: 22 g, Kh: 5 g, kJ: 1702, kcal: 408

RAFFINIERT

1 Seetang in etwa 1 Liter Wasser 10–20 Minuten einweichen, herausnehmen und abtropfen lassen.

2 Schweinenacken unter fließendem kalten Wasser abspülen, trockentupfen und in mundgerechte kleine Scheiben schneiden. Ingwer schälen und in Scheiben schneiden.

3 Fleischbrühe in einem Wok zum Kochen bringen, zuerst Ingwer in die Brühe geben, das Fleisch hinzugeben und etwa 1 Stunde köcheln lassen.

4 Seetang, Reiswein, Kokosmilch und Salz dazugeben, umrühren und weitere 5 Minuten kochen lassen. Die Suppe sofort servieren.

Tipp: *Die im Handel erhältlichen Seetangblätter werden aus jungen, kleinen Blättchen hergestellt, die getrocknet und gepresst werden. Seetang hat ein intensives Meeresaroma.*

桂花
15 % Vol.

Ratgeber

Der Kauf eines Woks
Da das Kochen im Wok immer beliebter wird, ist die Auswahl an Woks mittlerweile groß. Es gibt sie in unterschiedlichen Größen, aus verschiedenen Materialien wie Edelstahl, Gusseisen, Aluguss, Aluminium und mit und ohne Antihaftbeschichtung. Entsprechend der Ausstattung, der Größe und des Materials sind Woks in verschiedenen Preiskategorien erhältlich. Nicht jeder Wok ist für jeden Herd geeignet. Lassen Sie sich im Fachgeschäft beraten, man wird Ihnen den für Ihren Herd und Ihre Vorstellungen passenden Wok empfehlen.

Die Pflege des Woks
Bevor Sie Ihren neuen Wok zum ersten Mal benutzen, sollten Sie ihn entsprechend der Gebrauchsanleitung des Herstellers säubern und vorbereiten. Auch über die richtige Reinigung und Aufbewahrung ihres Woks gibt Ihnen die Anleitung Auskunft.

Braten im Wok
Den Wok immer auf der höchsten Temperaturstufe aufheizen. Wenn dann die Zutaten unter ständigem Rühren in relativ wenig Öl angebraten werden, können Sie durch die Entstehung von Röststoffen ihren unnachahmlichen Geschmack ausbilden und bleiben schön knackig und bissfest. Außerdem bleiben Vitamine und Mineralstoffe weitgehend erhalten. Dann evtl. wie im Rezept angegeben die Temperatur herunterschalten.

Frittieren im Wok
Zum Frittieren im Wok verwenden Sie am besten ein Speiseöl, das man hoch erhitzen kann (z. B. Sonnenblumenöl). Kaltgepresste Öle sind nicht geeignet.
Die richtige Temperatur zum Frittieren liegt zwischen 170–190 °C. Wenn Sie einen Holzlöffelstiel in das heiße Fett halten und es bilden sich daran Bläschen, dann hat das Fett diese Temperatur erreicht.
Geben Sie nicht zu viele Zutaten auf einmal in das heiße Fett, da es sich sonst zu stark abkühlt und das Frittiergut zu viel Fett aufsaugt. Prüfen Sie vor jeder erneuten Zugabe von Frittiergut, ob das Fett die richtige Temperatur hat.
Lassen Sie die frittierten Zutaten möglichst auf Küchenpapier abtropfen, so kann überschüssiges Fett an das Papier abgegeben werden.
Sie können auch unterschiedliches Frittiergut (z. B. Fleisch, Fisch und Gemüse) nacheinander ausbacken, da die hohe Temperatur eine Geschmacksübertragung verhindert.
Lassen Sie das Öl nach der Verwendung erkalten, füllen es durch eine Filtertüte oder ein mit Küchenpapier ausgelegtes Metallsieb in eine fest verschließbare Flasche und lagern es kühl und dunkel. So gereinigt und aufbewahrt können Sie es mehrere Male verwenden.

Typische Zutaten und Gewürze
Die typisch asiatischen Zutaten und Gewürze, die Sie für einige der Rezepte benötigen, bekommen Sie in Asia-Läden. Aber auch immer mehr gut sortierte Lebensmittelabteilungen großer Supermärkte haben die meisten Zutaten im Programm.

Bambussprossen
Bambussprossen (auch Bambusschößlinge genannt) werden bei uns hauptsächlich als Konserve im Glas oder in der Dose angeboten, meistens in Streifen oder Stücke geschnitten.

Chilischoten
Chilischoten gibt es frisch oder getrocknet, große und kleine, rote und grüne, scharfe und milde. Wenn man nur ihr Aroma braucht, lässt man sie ganz oder halbiert sie nur. Wenn Sie die ganze Schärfe der Chili für ein Gericht brauchen, dann sollten Sie sie nach dem Entkernen klein hacken. Waschen Sie nach dem Putzen der frischen Chilischoten sorgfältig Ihre Hände und fassen Sie nicht in die Augen, da es sehr stark brennt.

5-Gewürz-Pulver
Es besteht meistens aus Sternanispulver, Szechuanpfeffer, Nelken, Zimt und Süßholz. Das Pulver wird verwendet, wenn man einen ganz intensiven Gewürzgeschmack (süßlich-scharf) benötigt. Mittlerweile gibt es diese Gewürzmischung auch von deutschen Gewürzherstellern in Supermärkten.

Garam Masala
Garam Masala bedeutet „wärmende Gewürze“. Es ist eine indische Würzmischung, die ebenfalls mittlerweile in den meisten Supermärkten erhältlich ist. Die Zusammensetzung kann etwas variieren. Die meisten Mischungen enthalten Zimt, schwarzen Pfeffer, Nelken, Kardamom, Macis (Muskatblüte) und Lorbeer, oft auch Koriander, Cumin (Kreuzkümmel) und Muskatnuss.

Ratgeber

Glasnudeln
Glasnudeln sind weiß, von gummiartiger Konsistenz und halten sich sehr lange. Vor Verwendung muss man sie einweichen, dann vervierfachen sie ihr Gewicht und werden weich. Es gibt verschiedene Qualitäten; gute Glasnudeln zerfallen nicht beim Kochen, sondern behalten ihre ursprüngliche Länge. Zum Verzehr werden sie am besten mit einer Küchenschere klein geschnitten.

Ingwer
Eine Wurzelknolle mit frisch-scharfem Aroma, schmeckt wie eine Mischung aus Zitrone und Pfeffer. Ingwer verleiht den Speisen ein feines Aroma und erhöht deren Bekömmlichkeit. Anstelle von frischem Ingwer können Sie auch gemahlenen Ingwer oder Ingwer in Sirup verwenden.

Kokosmilch
Kokosmilch ist bei uns mittlerweile auch in gut sortierten Supermärkten erhältlich. Sie wird in Dosen angeboten. Zum Kochen empfiehlt es sich, die ungesüßte Variante zu verwenden. Mittlerweile gibt es in Asia-Läden auch Kokosmilch-Pulver (Coconut-Cream-Powder), das mit Wasser angerührt und wie Kokosmilch verwendet wird. Das Pulver ist durch seine lange Halbarkeit besonders geeignet, wenn Sie nur kleine Mengen oder nicht so häufig Kokosmilch benötigen.

Kurkuma
Auch Gelbwurz genannt, wird bei uns als Pulver angeboten. Kurkuma ist u. a. der Inhaltsstoff, der dem Currypulver die charakteristische Farbe verleiht.

Mie-Nudeln
Die Instant-Nudeln der asiatischen Küche werden folgendermaßen zubereitet: Die Nudeln in kochendes Wasser geben, den Topf von der Kochstelle nehmen und die Nudeln nach Packungsanleitung einige Minuten ziehen lassen. Sie dann umrühren, abtropfen lassen und nach Belieben mit einer Küchenschere klein schneiden.

Mu-Err-Pilze
Sind getrocknete, dunkle, chinesische Pilze. Sie müssen vor Verwendung in Wasser eingeweicht werden (Packungsanleitung beachten).

Öle
Zum Braten und Frittieren im Wok können Sie je nach Geschmack ein neutrales, hoch erhitzbares Speiseöl (z. B. Sonnenblumen-, Raps- oder Erdnussöl) oder je nach Gericht Oliven- oder Sojaöl verwenden. Sesam- oder Nussöle dienen der geschmacklichen Abrundung der Speisen. Sie werden nur in geringer Dosierung verwendet und meistens erst kurz vor dem Servieren hinzugefügt, damit der Geschmack in vollem Umfang erhalten bleibt.

Sambal Oelek
Sambal Oelek ist eine feurig-scharfe Würzpaste aus zerkleinerten Pfefferschoten.

Shiitake-Pilze
Shiitake-Pilze sind in China und Japan die beliebtesten Speisepilze. Sie sind sehr aromatisch, oft genügen schon 2–3 Pilze, um ein Gericht zu aromatisieren. Shiitake-Pilze werden nicht gewaschen, sondern nur geputzt (zähe Stiele abschneiden) und mit Küchenpapier abgerieben. Wenn Sie keine frischen Pilze bekommen, können Sie ersatzweise auch getrocknete Shiitake-Pilze (Asia-Laden) verwenden. Die getrockneten Pilze müssen vor Verwendung nach Packungsanleitung eingeweicht werden.

Sojasauce
Mit Sojasauce kann man nahezu jedes Gericht verfeinern. Es gibt sie in mehreren Varianten. Entweder hell und mild oder dunkel und würziger. Welche der beiden Sorten Sie verwenden, bleibt Ihrem Geschmack überlassen. Süße Sojasauce, die wir in unseren Rezepten nicht verwendet haben, können Sie für pikante Gerichte als Süßungsmittel anstelle von Zucker einsetzen.

Sternanis
Das ist ein sternförmiges Gewürz mit intensivem Aroma, das bei Schmorrezepten vor allem mit Schweinefleisch oder Rindfleisch benutzt wird.

Zitronengras
Zitronengras gibt es frisch oder getrocknet in Asia-Läden. Es gibt den Speisen einen leichten Zitronengeschmack. Wer kein Zitronengras bekommt, kann daher ersatzweise auch unbehandelte Zitronenschale zum Aromatisieren verwenden.

Kapitelregister

Schweine-, Rind- & Lammfleisch

Geflügel

Fisch

Gemüse

Kapitelregister

Nudeln

Reis

Suppen

Alphabetisches Register

Alphabetisches Register

Hinweis
Wenn Sie Anregungen, Vorschläge oder Fragen haben, rufen Sie unter folgenden Nummern an: 05 21/1 55 25 80 oder 0521/52 06 58 oder schreiben Sie an:
Dr. Oetker Verlag KG, Redaktion Sonderprojekte,
Am Bach 11, 33602 Bielefeld

Genehmigte Lizenzausgabe für den Wilhelm Heyne Verlag, München, in der Verlagsgruppe Random House GmbH.
www.heyne.de
Printed in Germany 2005

Redaktion
Jasmin Gromzik, Miriam Krampitz

Titelfoto
Bernd Lippert, Bielefeld

Innenfotos
Hans-Joachim Schmidt, Hamburg
Thomas Diercks, Hamburg
Bernd Lippert, Bielefeld
Norbert Toelle, Bielefeld
Brigitte Wegner, Bielefeld

Grafisches Konzept: Björn Carstensen, Hamburg
Umschlaggestaltung: kontur:design GmbH, Bielefeld
Gestaltung: M·D·H Haselhorst, Bielefeld

Druck und Bindung
Offizin Andersen Nexö, Leipzig

ISBN 3-453-66006-4